Ettl · Western-Training für Umsteiger

Renate Ettl

Western-Training für Umsteiger

WESTERNREITEN

Müller Rüschlikon

Einbandgestaltung: imago, CH-6302 Zug

Titelfoto: Renate Ettl

ISBN 3-275-01238-X

1. Auflage 1997

Fotos und Grafiken: Peter und Renate Ettl
Lektorat: Carola Nowak
Herstellung: Hermann Lambrecht
Satz: FIBO Lichtsatz GmbH,
D-80337 München
Druck: Maisch & Queck, D-70839 Gerlingen
Bindung: Karl Dieringer, D-70839 Gerlingen
Printed in Germany

Inhalt

133
MUNICH OPEN

Vom guten und schlechten Reiten

Es gibt keine gute oder schlechte Reitweise, sondern nur gutes oder schlechtes Reiten – aber es gibt Reitstile, die sich für bestimmte Zwecke besser beziehungsweise schlechter eignen.

Fast alle Reiter haben ihre ersten Reitversuche irgendwann einmal im örtlichen Reitverein unternommen. Keiner fragte danach, welche Vorstellungen man vom Reiten hatte, welche Pferderasse man bevorzugte oder welche Reitweise man erlernen wollte. Es gab nichts anderes als die übliche „englische" Reitweise, die den Fortgeschrittenen des Vereins in der Regel lediglich zwei Möglichkeiten eröffnete: entweder ins Lager der Dressurreiter zu wechseln oder sich der Springreiterequipe anzuschließen.

Natürlich werden in fast jedem Reitverein die Talente gefördert. Der Reitlehrer bereitet die Nachwuchsreiter eisern auf die ländlichen Turniere vor, in der Hoffnung, daß aus dem Heimatverein einmal ein zweiter Schockemöhle entspringen möge. Dabei haben über 90 Prozent der Reitenlernenden überhaupt keine Ambitionen, an Turnieren teilzunehmen – ganz gleich, welcher Art. Doch für die „Nur-Freizeitreiter" hat man in den meisten Betrieben nicht viel übrig, weil sie lieber im Wald spazierenreiten wollen, statt die Fahnen des Reitvereins auf öffentlichen Veranstaltungen hochzuhalten.

Dennoch ist es längst nicht mehr möglich, sich den Wünschen und Zielen der Wald- und Wiesenreiter zu verschließen – machen sie doch den Großteil der gesamten Reiterszene aus. In den letzten Jahren versuchten immer mehr von ihnen, ihre eigenen Vorstellungen vom Reiten zu verwirklichen. Sie warfen die Ideale der erlernten Reiterei vollkommen über den Haufen und entwickelten eigene Ideen, was Umgang, Reiten und Pferderassen anging. Die traditionellen Reiter betrachteten diese Menschen als „Aussteiger", Idealisten, Möchtegern-Cowboys oder auch einfach nur als Spinner.

Nach einiger Zeit mußten auch die „konventionellen" Reiter einsehen, daß der Umstieg auf ein anderes Reiten eine ernstzunehmende Alternative sein kann, um den Traum vom fairen Umgang mit dem Pferd und vom vergnüglichen Reiten zu realisieren. Mittlerweile ist die Akzeptanz der „alternativen" Reitmethoden deutlich gestiegen, nicht zuletzt deshalb, weil auch in diesem Bereich – vor allem aber beim Westernreiten – hochklassige Turnierveranstaltungen vom reiterlichen Können der Aus- und Umsteiger zeugen.

Diese Entwicklung in der Reiterszene ist der Grund dafür, daß es sehr viele Menschen gibt, die das Reiten zunächst auf konventionelle Weise erlernt und sich später einer alternativen Reitmethode verschrieben haben. Irgendwann sind sie auf eine andere Reitart umgestiegen – und das, obwohl die Umstellung für die meisten sicherlich nicht gerade einfach war, weil es sehr oft an geeigneten und entsprechend qualifizierten Ausbildern fehlte.

Noch immer sind gute Freizeit- und Westernreitschulen, die ein fundiertes Wissen vermitteln können, Mangelware. Interessenten müssen deshalb häufig weite Anfahrtswege zum Reitstall ihrer Wahl in Kauf nehmen. Das ist mit ein Grund dafür, daß heute noch über 70 Prozent der Westernreiter Umsteiger von der englischen Reitweise sind. Als sie reiten lernten, hatten sie keine Möglichkeit, eine Westernreitschule zu besuchen. Sie mußten zunächst einmal auf eine konventionelle Reitschule ausweichen und fanden dann erst später zu „ihrer" Reitweise.

Was ist eine Reitweise?

Unter einer Reitweise versteht man eine bestimmte Art und Weise, ein Pferd vom Sattel aus zu kontrollieren. Dabei können die reiterlichen Einwirkungen in einem gewissen Rahmen voneinander abweichen, doch im Grundsatz bleiben die Anweisungen des Reiters an das Pferd immer ähnlich oder gar gleich. Das ergibt sich aus dem Umstand, daß ein Pferd auf bestimmte Reize instinktiv mit seinem artspezifischen, natürlichen Verhalten reagiert. Hinzu kommen weitere, anerzogene Reaktionen des Pferdes, die der Reiter nach seinen Bedürfnissen steuert.

Eine Reitweise muß darum nicht unbedingt einen bestimmten Namen haben, jeder Reiter kann seine spezielle Art des Reitens entwickeln und ihr seinen eigenen Stempel aufdrücken. Oft spricht man dabei aber vom Stil des Reiters, weil sich das Wort Reitweise für klar definierte Reitmethoden eingebürgert hat. Hierbei sind bestimmte Regeln festgesetzt, was beispielsweise Hilfengebung, Zäumung, Sattelung und Kleidung angeht. Diese Vorschriften wurden jedoch nicht willkürlich aufgestellt, sie haben sich über Jahrzehnte oder sogar Jahrhunderte entwickelt je nach dem bestimmten Zweck, dem die jeweilige Reiterei diente. Alle Aspekte, die man im Laufe dieser Entwicklung für gut befunden hatte, behielt man bei. So verfestigte sich mit der Zeit eine funktionierende Reitmethode.

Regeln akzeptieren

Die Regeln einer Reitweise haben sich also für das Erreichen bestimmter Ziele bewährt. Deshalb ist es sinnvoll, diese Vorschriften zu akzeptieren, wenn man sich für eine Reitweise entschieden hat. Ist man außerdem noch um eine Verfeinerung der vorgeschriebenen Hilfengebung oder auch der Ausrüstungsgegenstände bemüht, trägt man zur Weiterentwicklung und somit zur Verbesserung der Reitweise bei. Eine Reitweise ist demnach flexibel. Sie ist in ihrer Entwicklung der Pferdezucht, vor allem aber den Zielvorstellungen der Reiter unterworfen und deshalb formbar.

Es gibt jedoch gewisse Regeln, die man grundsätzlich strikt einhalten muß, um den natürlichen Bedürfnissen der Pferde gerecht zu werden. Eine Reitweise, in der diese Grundsätze zu wenig oder gar nicht berücksichtigt werden, kann nicht funktionieren, weil keine Harmonie zwischen Reiter und Pferd zustande kommen kann. Das harmonische Miteinander ist wiederum die Grundlage für sämtliche Ziele der Reiterei. Nur wenn zwei Individuen am gleichen Ende eines Stricks ziehen, können sie zu einem positiven Ergebnis kommen. Ziehen beide am jeweils anderen Ende, so kämpfen sie gegeneinander, und das gesteckte Ziel kann niemals erreicht werden.

Die Regeln einer funktionierenden Reitweise sind deshalb sinnvoll. Von ihrer Akzeptanz lebt die Reitweise.

In jeder Reitweise sind diszipliniertes Verhalten und die Akzeptanz der natürlichen Bedürfnisse des Pferdes gefordert.

Das Einhalten dieser Vorschriften setzt wiederum ein diszipliniertes Verhalten voraus, dem man auch bei der Entscheidung für eine „alternative" Reitweise nicht entgehen kann. Gewisse Grundsätze wie beispielsweise der artgerechte Umgang mit dem Pferd sind logischerweise bei jeder Art des Reitens gleich. Denn für die Ausübung jeder Reitweise ist es notwendig, daß das Pferd seine natürlichen Verhaltensweisen an den Tag legen kann – egal, ob es englisch oder western geritten werden soll.

Die Entstehung der Reitweisen

Das Reiten diente schon immer bestimmten Zwecken. Der Mensch machte sich das Pferd zunächst als Zug- und Lastentier zunutze, bevor er schließlich auch seinen Wert als Reittier zu schätzen lernte. Die Domestizierung des Pferdes liegt etwa 4.000 Jahre zurück, und schon bald darauf spielte es eine wichtige Rolle beim Einsatz in Kriegen oder als Fortbewegungsmittel auf längeren Reisen.

Die Schriften des Griechen Xenophon (circa 430 – 355 vor Christus) beweisen, daß sich das Reiten schon vor 2.400 Jahren zu einer regelrechten Kunst entwickelt hatte. Xenophon verfaßte die erste uns bekannte Reitlehre, er beschrieb also eine Reitweise, die sich an bestimmten

DAS A UND O DER REITEREI

Damit ein harmonisches Miteinander möglich wird, muß sich der Reiter diszipliniert verhalten und die natürlichen Bedürfnisse des Pferdes akzeptieren. Auf diesen grundsätzlichen Regeln basieren die Lehrsätze jeder funktionierenden Reitweise.

Regeln orientierte. In Xenophons Schriften hatte die militärische Nutzung des Pferdes einen sehr hohen Stellenwert. Folglich ist seine Reitlehre nicht nur von der Berücksichtigung der natürlichen Verhaltensweisen des Pferdes, sondern vor allem auch von der menschlichen Zielvorstellung, der Nutzung, geprägt.

Die Ziele des Menschen gewannen in vielerlei Hinsicht immer stärker an Bedeutung, so daß sich letztendlich unterschiedliche Reitmethoden herauskristallisierten, von denen jede auf ihren bestimmten Zweck zugeschnitten war. Dennoch gibt es ein Ziel, das bei allen Reitarten identisch ist: ein ruhiges, gehorsames und angenehm zu reitendes Pferd. Diese Forderung zieht sich durch alle Reitweisen, weil sie die Grundvoraussetzung für die eigentlichen Zielsetzungen ist, also für die Heranbildung eines Kriegspferdes, Gebrauchspferdes, Sportpferdes oder Spazierreitpferdes. Eine fundierte Ausbildung von Reiter

Der Mensch machte sich das Pferd zunächst als Lastentier zunutze.

und Pferd kann man sich deshalb bei keiner Reitweise ersparen.

Das konventionelle Englischreiten

Lange Zeit war man darauf bedacht, das Pferd in erster Linie zu einem ausdauernden, mutigen Kriegsroß auszubilden. Deshalb war früher selbst die eigentliche Reitkunst, die schon seit Xenophons Zeiten Bestand hat und bei der das Reiten um seiner selbst willen im Vordergrund steht, vom militärischen Ton geprägt.

Obwohl die Reiterei über lange Zeit kaum als Kunst bezeichnet werden konnte, fanden sich in der Geschichte immer wieder Reitmeister, die neue Ideen einbrachten und damit die bestehende Reitmethode neu belebten und weiterentwickelten. So wirbelte der Neapolitaner Frederigo Grisone im Italien des 16. Jahrhunderts mit seiner Reitlehre viel Staub auf. Er orientierte sich zwar sehr stark an den Lehren des Xenophon, doch die zahlreichen von ihm erfundenen Gebisse und martialischen Unterwerfungsmethoden machten die Fachwelt auf ihn aufmerksam. Weil vor Grisone kaum jemand einen bedeutenden Einfluß auf die Reitkunst ausgeübt hatte und Xenophon schon lange der Vergangenheit angehörte, nannte man den neapolitanischen Edelmann auch „Vater der Reitkunst".

Frederigo Grisone gab sein Wissen, seine Erfahrungen und seine Einstellung an seine Schüler weiter. Der bekannteste von ihnen war Pignatelli, der die neapolitanische Reitakademie leitete, an der auch Pluvinel unterrichtet wurde. Der Franzose Pluvinel war es, der wieder einen gewaltigen Schritt zur Weiterentwicklung der klassischen Reitkunst tat, denn er ergänzte die Lehren von Grisone und Pignatelli um seine eigenen Erfahrungen und verurteilte die bis dahin bei der Ausbildung der Pferde üblichen Gewaltmethoden. Wie bei so vielen umwälzenden Ideen war auch hier ein zweiter Anstoß notwendig, bevor sich die Neuerungen durchsetzen konnten. Dieser entscheidende Impuls ging von dem wohl größten französischen Reitmeister aller Zeiten aus: François Robichon de la Guérinière.

Guérinières Lehren beeinflußten lange Zeit die klassische Reitkunst in ganz Europa, sie haben in vielen Bereichen noch heute in der Spanischen Reitschule in Wien Bestand. Die klassische Reitkunst stand aber auch unter einem immensen spanischen Einfluß und konnte sich sehr stark durchsetzen, weil sie sich in erster Linie auf die Ausbildung der Kavallerie stützte. Denn das Pferd war bis vor wenigen Jahrzehnten immer als Kriegsroß im Einsatz.

Im 20. Jahrhundert gingen viele wichtige Impulse für die Reiterei von England aus, wobei der Begriff „Reitsport" aufgrund der neueren Entwicklung zutreffender ist als der Ausdruck „Reitkunst". Deshalb wurde auch die Bezeichnung „Englischreiten" für die konventionelle (Militär-)Reitweise geprägt. Das Pferd hat heute als Kriegsroß ausgedient, dafür hat es einen neuen Stellenwert im Dressur- und Springsport erlangt. Der militärische Befehlston jedoch ließ sich aus den Reithallen nicht verbannen. Immer noch wenden die Reitschüler auf das Kommando „Kehrt, marsch!"

ihre Pferde ab oder reiten auf den Befehl „Abteilung, marsch!" an.

Das konventionelle Englischreiten ist heutzutage zwar eine funktionierende Reitweise, doch es ist stark mit sportlichen und militärischen Elementen durchsetzt. Zur ehemals klassischen Reit*kunst* hat diese Reitweise trotz der Tendenz zur Freizeitreiterei, also zu einem Reiten um des Reitens willen, noch nicht so recht zurückgefunden. Ansätze sind jedoch erkennbar. So tauchen beispielsweise immer mehr „Freizeitreitlehrer" auf, die ihre Lehren allerdings häufig auch mit Elementen aus anderen Reitweisen vermischen, weil sie sich mit der reinen Form der englischen Reitweise nicht identifizieren können. Der Verdacht liegt nahe, daß die englische Reitweise – zumindest in vielen örtlichen Reitbetrieben – bislang den Wunsch nach der Erziehung gehorsamer, ruhiger und angenehm zu reitender Pferde nicht zufriedenstellend erfüllen kann. Zu viele Zwangsmethoden, großenteils Überbleibsel der militärischen Ausbildung, sind noch fest verankert und führen die Reitweise vielerorts in eine Sackgasse.

Die Westernreitweise

Die Westernreitweise hat ihren Ursprung in der spanischen Reitkunst, die einen starken Einfluß auf die Reiterei im gesamten Europa ausübte und sich in zwei unterschiedliche Richtungen entwickelte. Die eine davon war auf die künstlerische Reitform ausgerichtet und hatte allein den ästhetischen Selbstzweck zum Ziel, während es sich bei der anderen um eine Gebrauchsreiterei zum Zwecke des Viehhütens handelte. Aus letzterer entwickelten sich die Gardian-Reitweise der südfranzösischen Rinderhirten und die Hirtenreitweise der Gauchos in Südamerika sowie der amerikanischen Vaqueros, der Vorgänger der Cowboys im westlichen Teil des nordamerikanischen Kontinents.

Die Spanier nahmen nach der Entdeckung Amerikas auch ihre Pferde in die „Neue Welt" mit. So breiteten sich dort neben der spanischen Reitweise auch die iberischen Pferderassen aus – beispielsweise Andalusier und Berber, die bekanntlich beide viel arabisches Blut in den Adern führen. Es handelte sich also um sehr edle Pferde, die auf dem amerikanischen Kontinent auch in freier Wildbahn prächtig gediehen. Die entlaufenen oder zurückgelassenen Tiere und deren Nachkommen bildeten schließlich die großen Mustangherden. Die Pferde wurden durch das Leben in der rauhen Natur zwar wieder etwas derber und kleiner, doch sie gewannen um so mehr an Leistungsfähigkeit und Robustheit. Aus den Mustangherden stammten ursprünglich die indianischen Reittiere sowie die Cowponys der amerikanischen Rinderhirten, die es verstanden, ihre Reitweise ihren speziellen Anforderungen entsprechend weiterzuentwickeln.

Unter dem Sammelbegriff „Westernreiten" kristallisierte sich auf der einen Seite der sogenannte *West Coast Style* oder *California Style* und auf der anderen Seite der *East Coast Style* oder auch *Texas Style* heraus. Der westliche Reitstil war stärker von der spanischen Reitkunst und den iberischen Pferden beeinflußt, während der östliche

Als Kriegsroß hat das Pferd ausgedient, dafür hat es einen neuen Stellenwert als Sportpferd erlangt.

Reitstil von den Pferden der aus dem Osten kommenden Siedler und Farmer (zum Beispiel von Englischen Vollblütern) und von deren Reitweise geprägt wurde. Dies schlug sich sowohl in der Ausrüstung als auch in der Ausbildung der Pferde nieder. Die beiden Reitstile vermischten sich aber zusehends, so daß beide Arten in ihrer reinen Form kaum mehr vorkommen.

Die Westernreitweise, wie sie heute in Europa praktiziert wird, ist eine Mischform aus beiden Stilen, wobei sich der östliche *Texas Style* in Ausrüstung, Ausbildung und Reitart stärker durchgesetzt hat. Nur wenige Enthusiasten pflegen mit viel Hingabe den *California Style*, so gut es ihnen von der Ausrüstung, den verfügbaren Pferden und ihrem eigenen Können her möglich ist.

Wahrscheinlich konnte sich der kalifornische Stil nicht in gleicher Weise etablieren, weil der Grund für die Umstellung aufs Westernreiten oftmals darin liegt, daß die Umsteiger die „deutsche Herrenreiterei" satt haben. Der *West Coast Style* beinhaltet aber viele Elemente einer stolzen Reiterei – worin sich wiederum der spanische Ursprung zeigt. Der moderne Western-Freizeitreiter hat in der Regel kein Interesse an Prunk und Gloria, sondern schätzt an dieser Reitweise in erster Linie die legere Art sowie die Zweckmäßigkeit.

Angesichts der sowieso weitgehend vermischten Elemente beider Stilrichtungen soll hier nicht näher auf die Unterschiede zwischen *California Style* und *Texas Style* eingegangen werden, weil sie weder für den Umsteiger noch für den eingefleischten Westernreiter wichtig sind. Die moderne Westernreiterei hat sich bereits enorm weiterentwickelt, so daß sie den Anforderungen des hochklassigen Westernreitsports, aber auch den Wünschen des Western-Freizeitreiters entspricht. Bei einem direkten Vergleich der Cowboyreiterei mit der modernen Westernreitweise würde man sowohl in Ausrüstungsfragen als auch bei den Ausbildungsmethoden enorme Unterschiede feststellen, so daß man fast nicht mehr von der gleichen Reitweise sprechen könnte. Als einziges, aber signifikantes Beispiel soll nur das damals übliche Einbrechen der Pferde erwähnt werden, das in der modernen Westernpferdeschulung durch eine sanfte Ausbildung und Hinführung an die späteren Aufgaben als Reitpferd abgelöst wurde. Die heutige Westernpferdeausbildung kommt der indianischen Methode noch am nächsten.

Die Ausrüstung aber ist dem Outfit der damaligen Rinderhirten noch relativ ähnlich und vermittelt deshalb vor allem dem Laien oft den Eindruck vom „wilden Cowboy" – ein Image, gegen das die Westernreiter immer noch stark anzukämpfen haben.

Die Entscheidung

Die Gebrauchsreiterei im eigentlichen Sinne gibt es zumindest im mitteleuropäischen Raum kaum mehr. Das Pferd muß in der Regel weder als Arbeits- und Zugtier die Äcker bestellen, noch muß es zu Fortbewegungszwecken vor einen Wagen gespannt oder zum Rinderhüten abgerichtet werden. Die Reiterei spielt sich überwiegend im Freizeitbereich ab, allein um des Reitens willen und wegen der damit verbundenen Genüsse. Dabei muß selbst das Turnierreiten in den meisten Fällen zur Freizeitreiterei gerechnet werden, mit Ausnahme derjenigen Reiter, die sich damit ihren Lebensunterhalt verdienen. Die Zahl dieser Reiter ist jedoch in Anbetracht der großen Masse von Freizeitreitern verschwindend gering, so daß es hier nur um die Überlegungen gehen soll, die für den Freizeitreiter bei der Wahl „seiner" Reitweise wichtig sind.

Da die meisten Reiter im Sattel keinen bestimmten Zweck verfolgen müssen, können sie sich frei für die eine oder andere Reitweise entscheiden. Dabei muß man sich darüber im klaren sein, daß die Kriterien, die bei dieser Wahl ausschlaggebend sind, für das Reiten an sich meist zweitrangig sind. Jede Reitweise erfüllt den Zweck der Freizeitreiterei, die Freude am Umgang mit dem Pferd, an dessen Bewegungen oder am Ausritt in der Natur, sofern sie so ausgeübt wird, daß man ein gehorsames, leichtrittiges und sicheres Pferd unter dem Sattel hat. Es gibt demnach keine gute oder schlechte Reitweise, sondern nur gutes oder schlechtes Reiten.

Wenn gutes Reiten nicht von der Reitweise abhängig ist – was hat es dann noch für einen Sinn, sich für eine bestimmte Reitweise zu entscheiden? Dieser Frage soll hier auf den Grund gegangen werden, denn jedem Umsteiger muß klar sein, was ein Reitweisenwechsel für ihn und sein Pferd bedeutet. Nur dann kann er herausfinden, ob ein Wechsel sinnvoll ist und er in der

DAS PFERD BLEIBT SEINER NATUR TREU

Jeder Reiter weiß, daß das Pferd ein Flucht- und Herdentier ist und daß diese beiden Eigenschaften seine Reaktionen sehr stark beeinflussen. So kann der Vierbeiner vor einem leisen Rascheln im Gebüsch derart erschrecken, daß er Hals über Kopf die Flucht ergreift. Beim Ausritt in der Gruppe lassen sich viele Pferde kaum von ihren Artgenossen wegreiten, und mit manchen kann man überhaupt nicht alleine ausreiten, weil sie so stark an den anderen Pferden hängen.

In all diesen Fällen zeigen die Pferde natürliches Verhalten, das in seiner extremen Form als Untugend (Durchgehen, Kleben und so weiter) eingestuft wird. Diese Verhaltensweisen sind für Reiter und Pferd gefährlich, zumindest aber äußerst unangenehm, so daß man sie eliminieren möchte. Einige Reiter versuchen dies, indem sie die Reitweise wechseln: Sie glauben, daß ihr „feuriges Roß" nicht mehr durchgehen wird, wenn sie es in Zukunft western reiten. Denn Westernpferde gelten bekanntlich als besonders ruhig und schrecksicher.

Tatsächlich gehört es zur Umschulung auf die Westernreitweise, daß man sich stärker als in der traditionellen englischen Reitweise mit der Schreckfestigkeit der Pferde befaßt. Dennoch folgt jedes Pferd – ob englisch oder western geritten – seinen natürlichen Instinkten. Ein Pferd ist und bleibt dasselbe Pferd, ganz unabhängig von der Reitweise. Es wird auf äußere Einflüsse wie Reiterhilfen, raschelnde Gegenstände oder die Nähe von Artgenossen immer gemäß seinen natürlichen Instinkten reagieren. Deshalb gilt auch und gerade bei sogenannten „Problempferden": Schlechtes Reiten wird sich durch den Wechsel der Reitweise nicht automatisch in Luft beziehungsweise Harmonie auflösen.

Pferde reagieren immer gemäß ihren natürlichen Instinkten.

Manche Menschen haben vor großen Pferden Angst.

Westernreitweise seinem Ziel näherkommen kann als in der konventionellen Reitweise.

Unterschiedliche Motive

Dieses Buch wendet sich an Umsteiger von der englischen Reitweise auf die Westernreitweise – folglich wird vorausgesetzt, daß man die konventionelle Reiterei bereits mehr oder weniger gut erlernt hat. Es bestehen also bestimmte Vorkenntnisse und Erlebnisse, die den Reiter geprägt haben.

Die Motivation für einen Umstieg liegt meistens in negativen Erfahrungen mit der englischen Reitweise begründet. Dabei können die schlechten Erlebnisse sehr vielfältig sein. In vielen Fällen sind es ungenügend ausgebildete Pferde, die das Faß zum Überlaufen bringen und die Reiter dazu veranlassen, einen Schlußstrich unter ihre reiterliche Karriere im Englischsattel zu ziehen. Durchgehende, buckelnde oder steigende Pferde sind sicherlich nicht die Wunschpartner von Freizeitreitern, die im Grunde nur Spaß am Reiten haben wollen, sich aber nicht mit wild gewordenen Bestien herumschlagen möchten. Angstgefühle beim Reiten gehören zu den häufigsten Auslösern für den Umstieg auf die Westernreitweise. Hierbei spielt auch die Größe und Rasse der Pferde, die in der jeweiligen Reitweise vorzugsweise eingesetzt werden, eine wichtige Rolle. Ein Warmblutpferd mit einem Stockmaß von 1,70 Metern flößt dem Menschen schon allein durch seine Größe mehr Respekt ein als ein 1,50 Meter großes Quarter Horse, obwohl letzteres wegen seiner starken Bemuskelung womöglich sogar über mehr Kraft verfügt. Ein unsicherer Reiter und vor allem ein Anfänger fühlt sich auf einem kleineren Pferd logischerweise wohler. Auch wenn viele Umsteiger diesen Aspekt niemals erwähnen, gehört er fast immer zumindest unterschwellig mit zu den Gründen, sich fürs Westernreiten zu entscheiden.

Dazu kommt, daß in der Westernreitweise bei der Ausbildung der Pferde in der Regel mehr Wert darauf gelegt wird, die Tiere nicht nur beim Reiten, sondern vor allem auch im Umgang im höchsten Maße zu zuverlässigen und sicheren Partnern zu erziehen. Dies gibt dem Reiter ein gewisses Vertrauen und damit ein Gefühl der Zufriedenheit.

Wer im örtlichen Reitverein mit Pferden zu tun hatte, die sich aufs Gebiß legten und sich somit der Einwirkung des Reiters entziehen konnten, oder mit Kandidaten, die beim Satteln und Aufsitzen unruhig herumtänzelten und einem ein ums andere Mal blaue Zehen bescherten, der weiß, wovon die Rede ist. Es sind all diese Dinge, die einen bei der Freizeitbeschäftigung mit dem Pferd ärgern, die einem angst machen oder schlicht auch weh tun. Dabei gibt es neben der körperlichen Verletzung natürlich auch die seelische, die man zum Beispiel deutlich zu spüren bekommt, wenn der Reitlehrer dem auserwählten Lieblingspferd viel zu kurz verschnallte Ausbinder verpaßt, damit es endlich mal lernt, im Genick nachzugeben. „Muß das sein?" fragen sich viele Tierfreunde, und spätestens ab diesem Zeitpunkt gehen die ersten neidischen Blicke über den Zaun, hinüber zu dem western reitenden „Kollegen", dessen Pferd sich willig an den Zügel stellen läßt, ohne in eingeschnürter Haltung sei-

AN DER REITWEISE LIEGT ES NICHT ...

Negative Erfahrungen im Zusammenhang mit der englischen Reitweise bewegen viele Reiter, zum Westernreiten überzuwechseln. Tatsächlich sind die Zustände in vielen Reitschulen leider sehr schlimm – ob es um die ungenügende Ausbildung der Pferde geht, um die nicht artgemäße Haltung oder um brüllende Reitlehrer. Unter solchen Bedingungen können die Reiter später bei der eigenen Pferdehaltung und -ausbildung nichts besser machen, weil sie es nicht anders kennen.

All diese negativen Erfahrungen lassen auch die Reitweise in einem schlechten Licht erscheinen, obwohl es an allem möglichen liegt, nur nicht am Reitstil selbst. Die klassische Reitweise ist ein in sich funktionierendes System, das die natürlichen Bewegungsabläufe des Pferdes unter dem Reiter in kontrollierte Bahnen lenkt. Sie ist weder pferde- noch reiterfeindlich, sofern sie ihrem Sinn entsprechend gelehrt und ausgeführt wird. Das beste Beispiel ist die Spanische Reitschule in Wien, an der die Kunst der klassischen Reiterei in höchster Perfektion gepflegt wird. Schon allein beim Zusehen bei der Morgenarbeit springt die sanfte Handhabung und Ruhe bei der Ausbildung der Pferde wie ein Funke auf den Zuschauer über. Kein Gebrüll, keine Strafen – viel Zeit und geduldiges Wiederholen garantieren auch hier den Erfolg. Reiter und Pferd arbeiten in partnerschaftlichem Einvernehmen und mit viel Freude zusammen. Es gibt also eigentlich keinen Grund, wegen schlechter Erfahrungen in einem bestimmten Stall die Reitweise zu wechseln – vielmehr wäre ein Wechsel der Reitschule angesagt.

ne Runden drehen zu müssen. Wobei nicht verschwiegen werden soll, daß es – leider! – auch in der Westernszene Ausbilder gibt, die mit Zwangsmethoden schneller zum Ziel zu kommen versuchen.

Viele Umsteiger und Umsteigewillige haben in der englischen Reitweise schlechte Erfahrungen gemacht. Ein weiteres Beispiel sind brüllende Reitlehrer, die versuchen, sich mit ihrem barschen Militärton Autorität zu verschaffen. Die Zeiten von Drill und Züchtigung sollten aber vorbei sein, zumal das Reiten heutzutage der Freizeitbeschäftigung dient und deshalb auch der Spaß im Vordergrund stehen sollte.

Neben den negativen Aspekten können einen auch positive Erfahrungen dazu animieren, die Reitweise zu wechseln. So kann das Zusehen bei einem Westernreitturnier den Englischreiter von der „alternativen" Reitweise überzeugen – einfach, weil es ihm gefällt, wie willig und zuverlässig die Westernpferde ihren Reitern folgen. Aber auch Bücher oder Filme können auslösende Faktoren für die Zuwendung zur Westernreitweise sein.

Nicht selten spielt dabei eine gewisse Abenteuerlust eine Rolle – haftet der Westernreitweise aufgrund ihrer Herkunft doch unbestritten ein gewisses Flair an, das an Abenteuer, Freiheit und Romantik erinnert. Dabei war das Cowboyleben alles andere als romantisch, doch die Westernfilme haben kräftig nachgeholfen. Obwohl den meisten Leuten bekannt ist, daß die Cowboys ein hartes und bescheidenes Leben führten, ist es immer noch der größte Wunsch vieler Wildwestfans, einmal wie ein „echter Cowboy" zu leben und zu reiten. Auch solche Motive bewegen manche Um- oder Einsteiger dazu, in den Westernsattel zu steigen.

Viele Reiter begründen ihren Umstieg mit den zwangloseren Umgangsformen und der insgesamt lockereren Art in der Westernszene. Außerdem sind gerade Freizeitreiter oft von der Funktionalität und Bequemlichkeit des Westernsattels begeistert.

Die meisten Umsteiger können sich aber nicht nur mit einzelnen Aspekten, sondern mit der gesamten Einstellung der Westernreiter gegenüber ihren Pferden sowie der Philosophie des Westernreitens identifizieren. Sicherlich findet die Westernreitweise auch deshalb immer mehr Anhänger, weil die Reitlehre nicht zwingend und detailliert vorschreibt, mit welchen Mitteln und Methoden man sein Ziel – nämlich, sich ein selbständig und willig mitarbeitendes sowie rittiges Pferd heranzubilden – erreicht. In der Westernreitweise führen viele Wege zum Ziel, folglich kann die Ausbildung individuell auf jeden Reiter und auf jedes Pferd ausgerichtet werden.

Die Englischreitweise ist dagegen sehr traditionsbewußt. Hier schreibt die Reitlehre ganz genau vor, wann welcher Schenkel wie zum Einsatz kommen muß, um eine bestimmte Reaktion des Pferdes zu erzielen. Darum erklärt auch kaum ein Englisch-Reitlehrer, weshalb eine Hilfe nun gerade auf diese Weise gegeben werden soll – es muß einfach so sein. Auch die meisten Reitschüler hinterfragen die Methode nicht, sondern akzeptieren sie ohne Kritik. Es wird schon seinen Grund haben,

Der Westernreiterei haftet aufgrund ihrer Herkunft ein gewisses Flair von Romantik und Abenteuer an.

denken sich viele, und üben ganz nach Vorschrift fleißig weiter. Ein mitdenkender Reiter will jedoch wissen, weshalb ein Reithalfter notwendig ist, wenn es verwendet wird. Und häufig bleibt der Reitlehrer die Antwort schuldig. Richtig ist schließlich immer, was vorgeschrieben ist, die Begründung erübrigt sich deshalb. Doch damit gibt sich eine zunehmende Zahl von Reitern nicht mehr zufrieden. Ein kritischer Reiter erkennt irgendwann, daß beispielsweise das Reithalfter für sein Pferd und seine Zwecke völlig überflüssig ist oder daß ihm eine lockere Zügelführung besser liegt. Und damit ist er ein potentieller Umsteiger auf die Westernreitweise, weil hier Ausrüstungsgegenstände in der Regel nur dann zum Einsatz kommen, wenn man sie für sinnvoll erachtet – und nicht, weil sie vorgeschrieben sind. Die Vielfalt der üblicherweise verwendeten Ausrüstungsteile gibt dem Westernreiter außerdem mehr Wahlmöglichkeiten.

Illusion oder Erfüllung eines Traums?

Bevor man sich in das Abenteuer Westernreiten stürzt, sollte man abchecken, ob es sich bei der Begeisterung für diese Reitweise nicht nur um einen vorübergehenden Enthusiasmus handelt, der womöglich in einigen Wochen wieder abflaut – während man auf dem gerade erst neu erstandenen Westernsattel sitzenbleibt. Die Gefahr eines illusorischen Wunschdenkens ist besonders dann gegeben, wenn die Entscheidung für die Westernreitweise nicht das Ergebnis eines langen Entwicklungsprozesses ist, sondern spontan aufgrund eines einzigen Ereignisses getroffen wurde. Dann kann die Begeisterung auch genauso schnell wieder abflauen, wie sie aufgekommen ist.

Der Umstieg auf eine andere Reitweise ist nur sinnvoll, wenn man mit ganzem Herzen bei der Sache ist. Ansonsten entstehen lediglich Halbheiten, und man bleibt während der Ausbildung oder Umstellung irgendwann stecken. Deshalb muß man sich auch bewußt machen, was Westernreiten überhaupt bedeutet. Es geht dabei in keinem Fall darum, die Cowboyreiterei zu imitieren, wie sie in schlechten Westernfilmen gezeigt wird – nämlich in der Form, daß man sich einen Cowboyhut aufsetzt, das Pferd mit einer scharfen Kandare und Westernsattel ausstattet und im flotten Galopp über die Prärie jagt. Sogenannte „Möchtegern-Cowboys" haben in der Regel auch kein Interesse an gutem Reiten, sondern wollen sich lediglich als Wildwest-Männer oder -Frauen verstanden wissen. In der modernen Westernreiterei ist für solche Träumer allerdings kein Platz, weil diese Praxis der Reiterei, den Pferden und dem Ansehen der seriösen Westernreiter schadet. Mangelnde Reitausbildung führt dazu, daß man dem Pferd durch einen falschen Sitz ins Kreuz fällt oder ihm mit einer harten Hand und scharfem Hebelarmgebiß ständig im Maul herumzerrt. Wer sich wünscht, wie ein Cowboy zu reiten, der sollte sich die Westernreitweise lieber aus dem Kopf schlagen, denn bei dieser Reitweise handelt es sich um seriöse Reiterei, die eine harmonische Zusammenarbeit von Reiter und Pferd zum Ziel hat.

Wer jedoch schon immer die Art und Weise des Reitens und des Umgangs mit Pferden gesucht hat, wie sie in der Westernreiterei praktiziert werden, kann in diesem Reitstil auch die Erfüllung eines langgehegten Traums finden. Wenn man sich mit der Philosophie des Westernreitens identifizieren kann und die entsprechende Einstellung mitbringt, wird man beim Erlernen und Ausüben dieser Reitweise sicherlich viel Freude haben und erfolgreich sein.

Die Reitweise ist nicht dafür verantwortlich, wie gut oder schlecht man reitet.

Besser reiten?
Weil eine funktionierende Reitweise an sich weder gut noch schlecht ist, dafür aber perfekt oder mangelhaft ausgeführt werden kann, ist niemals die Reitweise dafür verantwortlich, wie gut oder schlecht man reitet. Dennoch kann es vorkommen, daß man beispielsweise beim Dressurreiten stets verkrampft im Sattel saß und selbst auf kleinen Turnieren keine Erfolge verbuchen konnte, wogegen man als Westernreiter eine Schleife nach der anderen holt. Der Grund hierfür liegt darin, daß dem betreffenden Reiter die Westernreitweise besser liegt. Je mehr einem die Philosophie der Westernreiterei zusagt, desto leichter läßt sie sich umsetzen und desto erfolgreicher wird man letztendlich sein.

Das gleiche gilt für das Pferd: Auch ihm können die Hilfengebung, die Umgangsform oder die Art der Ausrüstung mehr oder weniger behagen, und es wird entsprechend reagieren. Es kann in einer anderen Reitweise plötzlich zu hohen Leistungen imstande sein – oder aber sich schwertun, den Wünschen des Reiters nachzukommen. Eine große Rolle spielen dabei das Gemüt, aber auch die Erfahrungen des Pferdes. Es ist also möglich, bei gleichem Ausbildungsniveau besser zu reiten,

REINE GEFÜHLSSACHE

Das Reiten wird allgemein als Sportart angesehen, bei der das Erlernen bestimmter Techniken die Voraussetzung dafür ist, daß man ein Pferd lenken und kontrollieren kann. Das stimmt jedoch nur bis zu einem gewissen Grad, denn es hat schon viele gute Reiter gegeben, die sich das Reiten selbst beigebracht haben – ohne jede Anleitung durch einen Lehrer oder Fachbücher. Sie haben das Reiten allein durch die Reaktionen ihres Pferdes erlernt.

Reiten kann also nicht nur von einer bestimmten Technik abhängen – das Gefühl spielt dabei eine wesentlich größere Rolle. Hierzu gehört auch die Verständigung mit dem Pferd. Die Kommunikation mit dem vierbeinigen Partner ist für den Reiter viel wichtiger als das Erlernen von Techniken. Der Schenkeleinsatz oder die Zügelhilfe ergeben sich dann automatisch aus den Reaktionen (also Antworten) des Pferdes heraus. Eine Reitlehre, die technische Anweisungen gibt, ist darum nicht zwingend notwendig.

Die ausgeklügelten Techniken einer Reitlehre können für den Reiter sehr hilfreich sein, weil sie auf die natürlichen Reaktionen des Pferdes abgestimmt sind. Sie können aber die individuelle Kommunikation zwischen Reiter und Pferd niemals ersetzen. Reitlehren, die viele Wege zum Ziel offenlassen, fördern die Entwicklung des Gefühls, während starre Regeln diesen Prozeß eher verhindern. Deshalb können sich in weniger festgelegten Reitweisen wie in der Westernreiterei auch die Persönlichkeiten von Reiter und Pferd ideal entfalten.

sobald Reiter und Pferd für die jeweilige Reitweise besser geeignet sind.

In der Regel sind aber gute Englischreiter später auch ausgezeichnete Westernreiter, wenn sie die Umstellungsprobleme gut verkraftet haben. Beim Reiten spielt das Gefühl eine größere Rolle als die Technik. Wer also ein feines Gefühl für die Pferde und deren Bewegungen hat, wird in beiden Reitweisen erfolgreich sein.

Die passende Reitweise

Wie auf Seite 12 bereits beschrieben wurde, wurden die unterschiedlichen Reitweisen jeweils für bestimmte Zwecke entwickelt. Während das Englischreiten seinen Ursprung in der Militärreiterei hatte, entstand die Westernreitweise aus der täglichen Arbeit der nordamerikanischen Cowboys. Sowohl die konventionelle Reiterei als auch die Westernreitweise werden kaum mehr in ihren ursprünglichen, reinen Formen praktiziert, weil permanent Neuerungen auf den Markt kommen, die – wenn auch nur einen kleinen – Einfluß auf die Reitweisen nehmen. Dies können beispielsweise neue Gebisse sein oder spezielle Sattelunterlagen, aber auch Kleidungsstücke für die Reiter. Neue Produkte können sich jedoch nur durchsetzen, wenn die Reiter sie für zweckmäßig halten und sie außerdem von der Optik und der Wirkungsweise her zur jeweiligen Reitweise passen. Die Reiter fühlen sich nämlich auch an die traditionellen Formen „ihrer" Reitweise gebunden. Ein Horn am Englischsattel wird deshalb sicherlich keiner akzeptieren, auch wenn es zum Festhalten in Extremsituationen sehr praktisch sein kann. Aus ähnlichen Gründen lehnen die meisten Westernreiter die Reitkappe ab, obwohl sie zu ihrer Sicherheit beitragen würde.

Wenn man sich für eine bestimmte Reitweise entschieden hat, will man sie in der Regel auch möglichst in ihrer reinen Form ausüben. Zum Westernreiten gehören also Westernhut, Westernstiefel, Chaps und ein Westernsattel. Beim Englischreiten verwendet man dagegen beispielsweise eine Gerte und ein kombiniertes Reithalfter und trägt Reithosen mit Lederbesatz. Man sollte sich jedoch nicht nur danach richten, ob einem die Ausrüstung für die jeweilige Reitweise gefällt, sondern sich auch darüber Gedanken machen, inwieweit sich die Reitweise für die eigenen Zwecke eignet. Der reiterliche Erfolg und das harmonische Zusammenspiel von Reiter und Pferd hängen stark davon ab, wie sehr eine Reitweise a) der jeweiligen Zielvorstellung und b) dem Pferd und dem Reiter entspricht.

Die Zielvorstellung

Zur englischen Reitweise gehörten schon immer auch sportliche Elemente, weil diese für den Einsatz der Pferde bei kriegerischen Auseinandersetzungen von großem Vorteil sind. Schon zu Xenophons Zeiten basierte die Reitlehre auf militärischen Aspekten. Bei kriegerischen Einsätzen mußten die Pferde gut konditioniert sein, schnell laufen und im Bedarfsfall Hürden überspringen können. Sogar die dressur-

Hat man sich für eine Reitweise entschieden, möchte man sie auch in ihrer reinen Form ausüben: Zur Westernreitweise gehören deshalb Westernsattel, Westernhut, Chaps und Westernstiefel.

mäßige Reitkunst diente nicht nur dem ästhetischen Selbstzweck, sondern sollte dem Reiter auch beim Kriegseinsatz einen Vorteil verschaffen. So manche Lektionen bei den Schulen über der Erde sollten nicht nur die natürlichen Bewegungsabläufe des Pferdes fördern, verfeinern und kontrollierbar machen, sondern auch zu Verteidigungszwecken dienen. Das Steigen bei Levade oder Courbette, aber auch die Kapriole waren dazu gedacht, Feinde abzuschlagen. Heutzutage hat das Dressur- und Springreiten keinen praktischen Nutzen mehr, es wird nur noch aus sportlichen Gründen betrieben. Die Freunde der Dressur- und Springreiterei sind deshalb bei der englischen Reitweise sehr gut aufgehoben.

Wie eingangs schon erwähnt, wollen die meisten Reiter jedoch lieber im Gelände spazierenreiten, als sich im sportlichen Wettkampf zu messen. Die Westernreitweise ist eine Gebrauchsreiterei, die sich beim Reiten im Gelände entwickelt hat. Die amerikanischen Rinderhirten mußten auf den Ranches nicht nur Kälber mit dem Lasso einfangen, um sie zu brennen, sondern waren auch auf wochen- und monatelangen Trails unterwegs, wenn sie eine Rinderherde zu einem weit entfernten Ort treiben mußten, an dem ein höherer Verkaufspreis für die Tiere erzielt werden konnte. Dabei mußten sie die unterschiedlichsten Geländehindernisse meistern. Steile Gebirgspässe, unwegsames und steiniges Gelände, aber auch reißende Flüsse und sumpfige Gebiete wurden dabei durchquert und überwunden. Die Cowboys mußten sich voll und ganz auf ihre Pferde verlassen können. Ein Fehltritt konnte das Pferd, aber auch seinen Reiter das Leben kosten. Die Cowponys waren sehr widerstandsfähig und robust. Sie kamen mit wenig Futter aus und ertrugen große Hitze und eisige Kälte. Nur Pferde, auf die man sich in jeder erdenklichen Situation verlassen konnte, waren für die Cowboys brauchbar.

Die Ausrüstung und Kleidung der Cowboys war auf das Geländereiten über weite Strecken ausgerichtet. Oft saßen die Männer bis zu 16 Stunden am Tag im bequemen Westernsattel, ohne sich wundzureiten. Der Westernsattel war damals und ist auch heute noch so konstruiert, daß man allerlei Gegenstände an ihm befestigen kann. Mit Hilfe der sogenannten *Tie straps* – kleiner Lederriemen am Sattel – kann man wichtige Utensilien wie Schlafsack und Satteltaschen problemlos festzurren. Die lose Zügelführung gestattet es dem Pferd, frei auszugreifen und den Reiter in natürlicher Selbsthaltung zu tragen. Damit ermüdet das Tier nicht vorzeitig, und auch für den Reiter ist diese Art der Zügelführung angenehmer. Der typische Hut schützte den Cowboy vor Regen und Sonne, und seine Chaps hielten das Regenwasser und den Schmutz von den Reithosen fern.

Die Hilfengebung der Westernreitweise ist auf das ermüdungsfreie Reiten über weite Strecken ausgelegt.

Auch die Hilfengebung der Westernreitweise ist auf das ermüdungsfreie Zurücklegen weiter Strecken ausgerichtet. Der Cowboy mußte sein Pferd nicht ständig antreiben, und auch für Richtungswechsel war kein großer Aufwand notwendig. Eine leichte Verschiebung der Zügelhand in die gewünschte Richtung genügte, um das Pferd zu lenken.

Die Westernreitweise ist voll und ganz auf das Reiten im Gelände zugeschnitten – von der Hilfengebung bis zum kleinsten Ausrüstungsgegenstand. Die Reitweise ist sowohl für den Reiter als auch fürs Pferd funktionell, sicher und bequem. Folglich ist sie für Gelände- und Wanderreiter ideal – ob es nun darum geht, sich auf dem Pferderücken bei einem Spazierritt zu erholen oder aber auch längere Strecken kräftesparend zurückzulegen.

Die Ausbildung des Pferdes sowie die Hilfengebung beim Reiten sind in der modernen Westernreiterei so extrem verfeinert worden, daß hier auch die Interessen des sportlichen Reiters nicht zu kurz kommen, der sich auf Turnieren mit anderen messen möchte. Dabei kann man unter einer Vielzahl von Disziplinen wählen, so daß für jeden Geschmack das richtige zu finden ist.

Würden alle Reiter die Reitweise wählen, die ihren Zielvorstellungen am nächsten kommt, dann müßten schon über 90 Prozent western reiten. Denn neun von zehn Reitern sind hierzulande Geländereiter ohne Turnierambitionen. Daß viele von ihnen gegenüber der Westernreitweise noch Vorbehalte haben, liegt auch daran, daß sich die Westernreiter häufig nicht klar von den sogenannten Cowboyreitern distanzieren können, die auf dem Pferd lediglich „Wildwest" spielen. Es wird angesichts der ähnlichen Ausrüstung und Kleidung jedoch sehr schwierig sein, den Unterschied auch für Laien erkennbar zu machen.

Die Eignung von Reiter und Pferd

Der Reiter muß keine besonderen Voraussetzungen erfüllen, um sich für eine bestimmte Reitweise zu qualifizieren. Er sollte sich aber mit der Philosophie des jeweiligen Reitstils identifizieren können. Wenn der Reiter nicht voll hinter der Reitlehre stehen kann, für die er sich entschieden hat, kann er sie nur unvollständig umsetzen. Dies muß nicht immer ein Nachteil sein, denn ein wohlüberlegter „Mischstil" hat durchaus seine Berechtigung, solange die Bedürfnisse des Pferdes berücksichtigt werden (siehe auch Seite 29). Wer jedoch nicht nur freizeitmäßig reiten will, sondern auch an eine spätere Turnierteilnahme denkt, ist stärker an Regeln gebunden – von der Kleiderordnung über den Sitz bis hin zum vorgeschriebenen Gebiß.

Der freizeitmäßige Reiter ist jedoch in seiner Entscheidung, welche Reitweise er ausüben beziehungsweise welche Richtlinien eines bestimmten Reitstils er übernehmen will, völlig frei. Dennoch sollte man bei der Entscheidung auch die Eignung des Pferdes berücksichtigen. Je geringer die Leistungsanforderungen sind (wenn man sich also beispielsweise mit dem Spazierenreiten im Gelände zufriedengibt), desto größer ist der Spielraum, sich für einen bestimmten Stil zu entscheiden. Wer sich turniermäßig betätigen will, kommt jedoch häufig um eine spezielle Pferderasse mit ihren spezifischen Eigenschaften nicht herum.

Doch nicht nur äußerliche Merkmale sind zu berücksichtigen, sondern ganz besonders auch die inneren Werte eines Pferdes. So muß bei einem Westernpferd ganz deutlich die Bereitschaft zur Mitarbeit erkennbar sein. Ein williges Pferd mit einem guten Charakter und einem lebhaften Temperament ist sehr gut fürs Westernreiten geeignet (mehr zur Eignung des Pferdes siehe Seite 96).

Die Ausbildung im Westernstil kommt aber auch den Pferden entgegen, die mit der konventionellen Ausbildungsmethode schlechte Erfahrungen machen mußten. Ist der Wille eines Pferdes durch Zwangsmaßnahmen regelrecht „gebrochen" worden, kann es durch die Westernausbildung neu motiviert und zur aktiven und willigen Mitarbeit bewegt werden. Deshalb eignet sich die Westernreitweise auch ganz besonders für „verdorbene“ und schwierige Pferde. Weil die Lehrmethode keine strikten Vorschriften beinhaltet, kann der Ausbildungsweg individuell auf die Belange des Pferdes zugeschnitten werden.

Sind beide Reitweisen vereinbar?

Viele Reiter können sich nicht hundertprozentig mit einer Reitweise identifizieren, weil ihnen der eine oder andere Aspekt aus verschiedenen Gründen nicht gefällt. Dem Westernreiter kann der Cowboyhut regelrecht verhaßt sein, oder der Englischreiter lehnt die in seiner Reitweise üblichen Reithalfter strikt ab. Doch nicht nur bezüglich der Ausrüstung kann sich ein Mischstil entwickeln. Immer mehr Geländereiter ziehen es vor, ihre Reitweise ganz nach ihren eigenen Belangen zu gestalten. Die Bereitschaft, sich den festgelegten Regeln einer Reitlehre zu entziehen, wächst mit steigendem Verständnis für das Pferd und mit zunehmender Harmonie zwischen Mensch und Tier. Immer stärker bestimmt das Gefühl des Reiters die Handhabung seines Pferdes, die Wahl der Ausrüstung und somit die gesamte reiterliche Betätigung.

Es gibt aber auch Reiter, die sich gerne nach bestimmten Regeln richten und nach außen hin ganz deutlich als Englisch- oder Westernreiter erkannt werden wollen. Dabei machen es bestimmte Situationen erforderlich, sich dem einen oder dem anderen Lager anzuschließen. Die englische Reitweise kann beispielsweise gefragt sein, wenn man sich bei einem Umritt in die Reihen der Vereinsreiter eingliedern und nicht aus dem Rahmen fallen möchte. Gleiche Ausrüstung und Kleidung sollen in diesem Fall die Einheit des Vereins demonstrieren. Andererseits möchte man sich und seinem Pferd vielleicht im Gelände die Bequemlichkeit des Westernsattels gönnen. Nicht wenige Reiter sehen sich hier in einer Konfliktsituation, vor allem aber sind sich viele unsicher, ob das Pferd durch das Wechseln der Reitweise und Ausrüstung nicht verwirrt wird.

Inwieweit das häufige Wechseln der Reitweise oder auch ein Mischstil sinnvoll sind, hängt von verschiedenen Faktoren ab. Prinzipiell hat diese Praxis aber ein solideres Fundament, wenn man sich aus wohlüberlegten Gründen für den Mischstil oder den vollständigen Reitweisenwechsel entscheidet und sich dabei nicht nur nach äußeren Umständen richtet.

Der Mischstil

Den Mischstil kann man in der Regel nicht in einer Reitschule erlernen, denn hier werden normalerweise die Reitweisen in ihrer reinen Form gelehrt. Der Reiter entwickelt den Mischstil also selbst. Dabei hat er verschiedene Beweggründe, seine ehemals gewählte Reitweise abzuwandeln. Erfahrungsgemäß neigen Westernreiter eher zu einem Mischstil als konventionell ausgebildete Reiter. Die Umsteiger von der Englischreiterei auf die Westernreitweise tendieren häufig am stärksten zu einer Mischform. Es kann vorkommen, daß man beim Umstieg auf die Westernreitweise bestimmte Elemente, die man beim Englischreiten für gut befunden hat, beibehält und damit quasi nur einen unvollständigen Wechsel vollzieht. Aber auch der eingefleischte Westernreiter übernimmt manchmal Ausrüstungsgegenstände oder Techniken aus anderen Reitweisen, wenn er sie für sinnvoll erachtet. Solange man eine Methode oder einen Ausrüstungsgegenstand für sich und sein Pferd als positiv erkennt, kann es keine Einwände dagegen geben. Wichtig ist allein, daß jede übernommene Technik oder Ausrüstung Reiter und Pferd dabei hilft, leichter zu einem harmonischen Miteinander zu gelangen. Es gibt aber auch Methoden oder Gegenstände, mit denen man das Ziel zwar angeblich schneller und einfacher erreichen kann, bei denen es sich jedoch tatsächlich um Zwangsmaßnahmen handelt. Deshalb sollte man jedes Element genau überprüfen, bevor man es übernimmt, und im Zweifelsfall lieber die Finger davon lassen.

Jede Reitweise ist ein in sich geschlossenes, funktionierendes System, das normalerweise keine grundsätzlichen Neuerungen oder Änderungen nötig hat. Dennoch gibt es immer Wege, um einzelne Aspekte zu verbessern. Verbesserung bedeutet aber nicht unbedingt Beschleunigung von Ausbildungsschritten – es geht vielmehr darum, das Ziel klarer darzustellen. Die „gewachsene" Struktur einer Reitweise ist in der Regel so ausgereift, daß man mit ihrer reinen Form gut auskommen kann. Der permanente Nutzungswandel – vom Rindertrei-

ZWISCHEN „KUDDELMUDDEL" UND KOMPOSITION

Ein Mischstil ist sinnvoll, wenn die gewählten Methoden oder Ausrüstungsgegenstände einem das jeweilige Reitziel näherbringen. Die Übernahme von Reiterhilfen oder Gegenständen muß wohlüberlegt sein, denn Ausrüstung und Technik müssen aufeinander abgestimmt sein, damit das Ganze funktionieren kann. Dies ist in einer „gewachsenen" Reitweise stets der Fall, während man bei einer eigenen Zusammenstellung jede Entscheidung sorgsam prüfen muß. Würfelt man wahllos Techniken oder Ausrüstungsgegenstände mehrerer Reitweisen durcheinander, entsteht lediglich ein „Kuddelmuddel", der sich eher negativ als positiv auswirken wird. Ein für das Westernreiten konzipierter Sattel beispielsweise kann die Hilfengebung im englischen Stil durchaus behindern.
Andererseits kann die Vermischung bestimmter Teile verschiedener Reitweisen bei genauer Überlegung durchaus sinnvoll sein. So kann die Verwendung einer Gerte, wie sie in der Englischreitweise üblich ist, gegenüber dem peitschenähnlichen Gebrauch der Westernzügel in bestimmten Situationen von Vorteil sein. Denn die Gerte kann dosierter eingesetzt werden, so daß sensible Pferde damit unter Umständen effektiver geschult werden können.

Wer eine fundierte Ausbildung in beiden Reitstilen erfahren hat, kann durchaus heute englisch und morgen western reiten.

ben oder der Militärreiterei zum Gelände- oder Spazierenreiten sowie zur Sportreiterei – macht eine Weiterentwicklung jedoch sinnvoll. Somit können Abwandlungen bestimmter Elemente hinsichtlich einer zielgerichteten Reiterei durchaus nützlich sein. Das heißt, die Vermischung zweier (oder gar mehrerer) Reitweisen ist zweckmäßig, wenn sie zu einer Verbesserung und Anpassung des Stils an das reiterliche Ziel führt.

Vieles hängt aber auch allein vom Geschmack des Reiters ab, wobei die Verwendung bestimmter Gegenstände ohne jede Bedeutung für gutes oder schlechtes Reiten ist. So hat zum Beispiel der Westernhut zwar praktische Vorteile, doch er ist ohne weiteres durch eine Reitkappe ersetzbar, die wiederum andere Vorzüge mit sich bringt. Dabei handelt es sich, wenn man den Sicherheitsaspekt einmal außer acht läßt, um stilistische Äußerlichkeiten, die vielleicht das Bild des Reiters rein optisch beeinflussen, nicht aber den Reitstil selbst.

Grundsätzlich sollte der erfahrene Reiter so viel Courage besitzen, daß er die beste Methode und die sinnvollste Ausrüstung für sich und sein Pferd selbst bestimmt und sich dabei nicht davon irritieren läßt, was in der einen oder anderen Reitweise üblich ist. Das gilt allerdings in erster Linie für den fortgeschrittenen Reiter, denn ein Anfänger oder ein noch etwas unsicherer Reiter muß zunächst seine Sicherheit und sein Gespür für das Pferd finden – und das fällt ihm am leichtesten, wenn er sich nach den Regeln richtet, die ihm eine durchdachte, funktionierende Reitweise vorgibt.

Man kann also zu dem Schluß kommen, daß jeder Mischstil gerechtfertigt ist, solange dafür Methoden und Ausrüstungsgegenstände gewählt werden, die pferdefreundlich sind und die Sicherheit von Reiter und Pferd gewährleisten. Das beste Beispiel dafür ist die Wahl eines sturzfesten Reithelms, der den Westernhut aus Sicherheitsgründen ablöst. Andererseits kann man auch ohne weiteres beim englischen Sattel bleiben, wenn er dem Pferd gut paßt und auch der Reiter damit zufrieden ist. Ein solcher Sattel schließt nämlich eine westernmäßige Hilfengebung keineswegs aus, auch wenn er sicherlich den Sitz beeinflussen wird. Deshalb muß die Auswahl wohlüberlegt sein. Behindert der Sattel die korrekte Hilfengebung, so ist es angebracht, sich für ein besser zur Reitweise passendes Modell zu entscheiden.

Für den Umsteiger wird es schwierig sein, sich an die neuen Ausrüstungsgegenstände, an die Hilfengebung und die andersartige Handhabung des Pferdes zu gewöhnen. Er wird deshalb eher dazu neigen, zumindest einige Dinge unverändert zu lassen. Damit läuft er aber Gefahr, sich mit einem unüberlegten Mischstil abzufinden, der ihn sicherlich nicht zügiger ans Ziel bringen, sondern eher die Harmonie stören wird. Ein Mischstil darf nur bewußt gewählt werden, niemals aber aus Nachlässigkeit entstehen.

Eine bewußte Entscheidung kann man aber nur dann treffen, wenn man beide Aspekte kennt, ausprobiert und auf ihre Zweckmäßigkeit geprüft hat. Genauso, wie der Umstieg von der englischen Reitweise auf die Westernreitweise bestimmte Gründe hat, die man hinterfragt und prüft, muß auch die Anwendung von einzelnen Ausrüstungsgegenständen oder bestimmten Techniken detailliert betrachtet und sinnvoll begründet werden können.

Mischstile sind also etwas für fortgeschrittene Reiter, die in der Lage sind, reiterliche Methoden und die Wirkung von Ausrüstungsgegenständen exakt einzuschätzen und somit die richtige Wahl zu treffen. Der erfahrene Reiter wird alles, was er für sich und sein Pferd für gut befunden hat, übernehmen und alles Negative verwerfen, unabhängig davon, welchen Reitstil es betrifft.

Einmal hü und einmal hott

Wer sich in westernmäßigem Outfit gerne im Gelände tummelt, aber auch Ambitionen hat, im englischen Stil Dressuraufgaben zu reiten, kann dies gerne tun. Durch eine gute Ausbildung im Englischsattel erübrigt sich aber eine fundierte Westernausbildung nicht, wenn man auch diesen Stil ernsthaft praktizieren will. Es genügt nicht, lediglich die Ausrüstung zu wechseln, denn dadurch reitet man noch lange nicht western.

In manchen Fällen ist es sicherlich sehr nützlich, wenn man beide Stile beherrscht, zumal dies sowohl für den Reiter als auch für das Pferd eine willkommene Abwechslung bedeuten kann. Wer für einen besonderen Zweck wie etwa eine Turnierteilnahme, einen Umritt oder eine Showvorführung einen bestimmten Reitstil wählt, möchte ihn gewöhnlich auch in seiner reinen Form ausüben. Ein – wenn auch in der Praxis zweckmäßiger – Mischstil ist in solchen Situationen nicht sehr sinnvoll.

Wer eine fundierte Ausbildung in beiden Reitstilen genossen hat, kann ohne Probleme heute western und morgen englisch reiten. Entsprechend weit fortgeschrittene Reiter haben dabei keine Schwierigkeiten, die unterschiedlichen Techniken auseinanderzuhalten, zumal sich die Reitweisen auf höherem Niveau immer stärker ähneln. Beide verfolgen nämlich im Prinzip dieselben Ziele: Harmonie, Minimalisierung der Hilfengebung und feinste Kommunikation. Es kann nicht oft genug wiederholt werden: Es gibt keine guten oder schlechten Reitweisen, sondern nur solche, die für bestimmte Zwecke mehr oder weniger dienlich sind. Damit ist die Frage, ob das Englisch- und das Westernreiten miteinander vereinbar sind, schon beantwortet: Sie sind vereinbar, sofern es sich um gutes Reiten handelt.

Man muß zwar beide Reitweisen erlernen – und zwar am besten getrennt voneinander, um in keinen schlechten Mischstil abzurutschen –, doch dies ist nicht so schwer, wie manche meinen. Wenn man die Grundlagen begriffen hat und weiß, wie ein Pferd reagiert, hat man ein starkes Fundament, auf das sich die Ausbildung in jeder Reitweise stützen kann. Denn die Reaktionen des Pferdes sind immer die gleichen – egal, welche Reitweise praktiziert wird.

Wer das Westernreiten erlernen will, muß also seiner Vergangenheit im Englischsattel keineswegs abschwören. Vielmehr kann sich eine weiterführende Westernausbildung auch sehr positiv auf die konventionelle Reiterei auswirken. Das Erlernen verschiedener Methoden erweitert den eigenen Horizont und ermöglicht es einem, die unterschiedlichen Techniken fachkundig und ohne Befangenheit zu beurteilen – ideale Voraussetzungen also für Reiter, die den bestmöglichen, individuell zu ihnen und ihren Pferden passenden Stil finden möchten.

Die Vorbereitungen

Beim Westernreiten geht es nicht nur um das Erlernen besonderer Reittechniken, sondern auch um die Umsetzung einer Philosophie.

Auch wenn die Motive für den Umstieg von der englischen Reitweise auf den Westernreitstil sehr vielfältig sein können, steht doch die Einstellung gegenüber dem Pferd und dem Reiten in der Regel an erster Stelle. Sie ist mindestens genauso wichtig wie das Erlernen der richtigen Techniken bei der Hilfengebung. Wer sich für die Westernreitweise entschieden hat, den erwartet deshalb nicht nur eine andere Ausrüstung und Hilfengebung, sondern auch eine völlig neue Ideologie.

Bevor man nun begeistert losstürzt und sich einen teuren Westernsattel zulegt, sollte man sich vor Augen führen, was einen beim Umstellungs-Training erwartet. Es ist eben nicht damit getan, das Pferd mit einem Westernsattel auszustatten und sich einen Cowboyhut aufzusetzen. Natürlich gehört das Wechseln der Ausrüstung zur Umstellung, doch das ist mit Sicherheit nicht der wichtigste Faktor, obwohl es möglicherweise zunächst so aussehen mag. Auch die neue Technik ist ein wichtiger Baustein des Umstellungs-Trainings, doch sie ist ebenfalls nicht so wichtig wie die entsprechende innere Einstellung, durch die man erst zum Westernreiter werden kann.

Die Philosophie des Westernreitens

Die Westernreitweise lebt von einer bestimmten Philosophie, die sich in erster Linie auf den Umgang mit dem Pferd bezieht. Auf dieser Grundhaltung, die sich sowohl in der Ausrüstung als auch in der Hilfengebung und der Ausbildung niederschlägt, basiert die gesamte Reitweise. Die richtige Einstellung ist für den angehenden Westernreiter also die wichtigste Komponente, weil alle Einzelaspekte eng damit zusammenhängen. Es ist nicht möglich, diese Philosophie zu ignorieren, denn durch Anwendung der Technik und/oder der Ausrüstung alleine wird man niemals ein guter Reiter werden, geschweige denn eine Kommunikation mit dem Pferd aufbauen oder ein harmonisches Miteinander erreichen können.

Im Prinzip sollte zwar jeder Umgang mit dem Pferd von dieser Grundeinstellung geprägt sein, doch in der Westernreitweise spielt sie eine ganz entscheidende Rolle. Das Englischreiten lebt stärker von den vorgegebenen Techniken, der sogenannten Reitvorschrift. Solche Lehrsätze gibt es in dieser Form beim Westernreiten nicht, denn hier bestimmt in erster Linie das Gefühl die Handlungsweise. Das ist ein entscheidender Vorteil, weil es einem damit leichter gemacht wird, auf jedes Pferd individuell einzugehen und es seinen Fähigkeiten entsprechend zu fördern.

Der Grundgedanke

Wie die Reitweise selbst, so hat sich auch die zugehörige Philosophie aus dem täglichen Umgang mit dem Pferd entwickelt. Das Westernreiten war eine Gebrauchsreitweise, der Mensch war also auf das Pferd angewiesen und brachte ihm schon aus diesem Grund eine entsprechende Wertschätzung entgegen. Die Cowboys der vergangenen Zeiten wären auf den langen

Trails ohne ihre Pferde verloren gewesen. Ihr Leben hing oft von der Zuverlässigkeit der Tiere ab. Auch wenn die Cowboys nicht immer tierliebende Gesellen waren, sondern oft eine Art Zwangsgemeinschaft mit den Pferden eingingen, schätzten sie die Tiere als lebende Mitgeschöpfe und behandelten sie in der Regel stets fair.

Diese Fairneß gegenüber dem Tier ist der Ausgangspunkt für den Weg zu einem freundschaftlichen Verhältnis. Die Akzeptanz des Pferdes als eigenständiges Individuum mit eigenen Verhaltensweisen, Bedürfnissen und Wünschen ist die Grundlage jeder Zusammenarbeit. Das Pferd darf nicht als Sportgerät betrachtet werden, der Reiter darf bei der Nutzung nicht nur die eigenen Zielvorstellungen im Auge haben. Nur wenn die Bedürfnisse des Pferdes zu dessen Zufriedenheit erfüllt sind, wird es bereit sein, all seine Kraft und sein Vermögen in den Dienst seines Reiters zu stellen.

Zum natürlichen Verhalten der Pferde gehört die Bereitschaft zur Unterordnung. Wäre dies nicht so, könnte eine Herdengemeinschaft nicht funktionieren. Ihre im Vergleich zum Menschen relativ geringe Intelligenz bringt die Tiere aber auch in die mißliche Lage, sich oftmals sehr viel gefallen lassen zu müssen. Ein Mensch kann ein Pferd ohne Schwierigkeiten regelrecht ausbeuten. Auch wenn sich die Tiere in ihrer Not zu wehren versuchen, kann der Mensch sie mit Zwangsmethoden in Schach halten. Wenn man ein Pferd für seine Zwecke nutzen möchte und dabei ausschließlich an seinen eigenen Spaß denkt, sollte man von der Reiterei lieber ganz ablassen, denn dann würde man das Tier eindeutig mißbrauchen. Das ist aber gerade im Zeitalter der Freizeitreiterei absolut nicht legitim, denn die Pferde sind für uns heute nicht mehr lebensnotwendig. Wer nur an sein Vergnügen denkt, sollte sich lieber ein Motorrad kaufen, das keine Gefühle hat und bei Nichtgebrauch in der Garage abgestellt werden kann.

Bei der Beschäftigung mit dem Pferd sollte die Freude am Tier, an seinem natürlichen Verhalten, seinen Bewegungen und seinen Aktionen im Vordergrund stehen. Das Reiten ist lediglich eine angenehme Begleiterscheinung, denn das Ziel des Umgangs mit dem Pferd ist das gegenseitige Verständnis und die Freude aneinander. Dies setzt selbstverständlich eine naturgegebene Tierliebe voraus.

Die Tierliebe ist wiederum die Voraussetzung für den Aufbau einer fairen Partnerschaft zwischen Mensch und Pferd, aus der beide ihren Nutzen ziehen. Von den erlebnisreichen und vergnüglichen Stunden bei einem Ausritt profitiert in erster Linie der Reiter – das Pferd wird dagegen schon zufrieden sein, wenn seine natürlichen Bedürfnisse erfüllt werden. Obwohl das Pferd in seinen Ansprüchen bescheiden ist, ist es für viele Pferdebesitzer leider noch nicht selbstverständlich, diese auch tatsächlich zu erfüllen. Eine artgerechte Haltung mit genügend Auslauf und Kontakt zu Artgenossen ist dabei die Mindestanforderung. Zu viele Pferde werden aber immer noch in Boxen gehalten, wobei ihnen die notwendige Bewegung und der Sozialkontakt zu anderen Pferden verwehrt werden. Wahre Tierliebe äußert sich aber nicht durch das Tätscheln und Streicheln des Pferdes, sondern vielmehr durch die Erfüllung seiner natürlichen Bedürfnisse.

Diese richtig verstandene Tierliebe ist die Basis für ein partnerschaftliches Verhältnis zwischen Mensch und Pferd. Das Wissen um die natürlichen Bedürfnisse des Pferdes ist außerdem der erste Schritt auf dem Weg zur Verständigung. Ein ausgeglichenes, weil natürlich gehaltenes Pferd hat den Kopf frei, um die Kommandos und Wünsche des Reiters zu verstehen und umzusetzen. Es wird gerne gehorchen und für „seinen" Menschen arbeiten, ohne daß dieser zu Zwangsmaßnahmen greifen muß. Diese freiwillige und selbständige Mitarbeit des Pferdes ist ein signifikantes Merkmal der Westernreitweise, das sich auch in der Technik der Hilfengebung niederschlägt. Die selbständige Mitarbeit kann aber nur aus dem gegenseitigen Verstehen und einem freundschaftlichen Verhältnis zwischen Mensch und Pferd erwachsen.

Ein freundschaftliches Verhältnis ist die Basis für eine gute Zusammenarbeit.

Die Tierliebe sollte eigentlich in jeder Reitweise Priorität haben – hat sie doch nichts mit dem Reitstil selbst zu tun, sondern nur mit der Einstellung des Menschen. Aber auch unter den Westernreitern gibt es gnadenlose Ausbeuter, die das Pferd nur als Sportgerät benutzen und es dann bei den ersten Verschleißerscheinungen gegen ein neues austauschen. Dabei schreibt sich gerade die Westernreitweise gerne die Pferdefreundlichkeit auf die Fahnen. Die Philosophie des Westernreitens fordert zwar Fairneß und Partnerschaft, doch leider halten sich manche Reiter nur so lange daran, wie diese Aspekte dem eigenen Ziel dienlich sind. Sobald Turniererfolge greifbar nahe sind, möglicherweise noch gekoppelt mit einem finanziellen Gewinn, setzen sich viele über die ehemals so hochgepriesene Ideologie hinweg.

So mancher Umsteiger wechselte in das Lager der Westernreiter, weil er sich auf den Westernturnieren größere Siegeschancen ausrechnete als bei Wettbewerben in den klassi-

Richtig verstandene Pferdeliebe zeigt nicht nicht durch das Tätscheln und Streicheln des Vierbeiners, sondern durch die Erfüllung seiner natürlichen Bedürfnisse wie beispielsweise der Bewegungsfreiheit.

schen Turnierdisziplinen. Solche Hoffnungen mögen vor zehn Jahren noch berechtigt gewesen sein, doch mittlerweile ist das reiterliche Niveau in der Westernszene mindestens genauso hoch wie auf den traditionellen Turnieren, und auch die Starterzahlen haben sich längst angeglichen.

Wer im Turniersport vorne mitreiten will, kann der Philosophie der Westernreiterei im ursprünglichen Sinn kaum mehr entsprechen, weil im Leistungssport mittlerweile in allen Sparten mit harten Bandagen gekämpft wird. Die Pferdefreundlichkeit bleibt darum viel zu häufig auf der Strecke. Doch der Freizeitreiter, der keine Turnierambitionen hat, kann seinen ganzen Idealismus im Umgang mit seinem Kameraden Pferd in die Waagschale werfen und wird Erfolge erzielen, neben denen jeder Turniersieg verblaßt.

Die richtige Einstellung

Der Mensch wird im Laufe seines Lebens durch verschiedene Einflüsse geprägt und entwickelt gegenüber bestimmten Dingen eine Grundhaltung. Neben der Weltanschauung und politischen oder wirtschaftlichen Überzeugungen zählt auch die Einstellung zum Pferd dazu. Sie resultiert also aus einem langwierigen Prozeß, man kann sie sich nicht im Schnelldurchlauf aneignen. Sofern eine gewisse ethische Grundhaltung gegenüber Lebewesen bereits vorhanden ist, kann weiterführendes, erlerntes Wissen zur Intensivierung der richtigen Einstellung beitragen.

Wer also der beste Freund seines Pferdes sein möchte, jedoch nicht so recht weiß, wie er dies verwirklichen soll, erfüllt von der Gesinnung her die Voraussetzung für eine Partnerschaft mit dem Tier. Ihm fehlt lediglich der letzte Anstoß, seine Vorstellungen und Ideen in die Tat umzusetzen.

Die richtige Einstellung, die sich an den elementaren ethischen Grundsätzen orientiert, kann man jedoch nicht einfach erlernen. Jemand, der diese Einstellung nicht von vornherein mitbringt, kann oftmals nicht einmal mit viel Überzeugungskraft zum Umdenken bewegt werden. Normalerweise kann man aber voraussetzen, daß jeder Mensch nach gewissen moralischen Grundsätzen erzogen worden ist und gelernt hat, alle Tiere als Mitgeschöpfe zu achten. Wer sich außerdem der Reiterei zugewendet hat, hat dies meist nicht nur wegen seiner sportlichen Ambitionen getan – denn dann hätte er sich ja genausogut fürs Fußballspielen, Joggen oder Schwimmen entscheiden können –, sondern in erster Linie aus Liebe zum Pferd. Folglich kann man davon ausgehen, daß die meisten Reiter über eine gute Ausgangsbasis verfügen, um die richtige Einstellung im Umgang mit dem Pferd zu praktizieren.

Umsetzung in die Praxis

Um die Philosophie der Westernreitweise in die Praxis umsetzen zu können, muß man also die richtige Grundeinstellung mitbringen. Die allgemeine, richtig verstandene Tierliebe wurde schon angesprochen. Doch die Einstellung allein reicht noch nicht aus, um die eigenen Vorstellungen zu realisieren – man muß auch in der Lage sein, diese auszuleben.

Hierfür benötigt man Eigenschaften, über die manche Menschen von Kindheit an verfügen, die man sich aber in einem bestimmten Rahmen auch als Erwachsener aneignen kann. Eines der wichtigsten Kriterien ist die Selbstbeherrschung, die stark mit der Geduld gekoppelt ist. Bei jeglichem Umgang mit dem Pferd, vor allem aber bei der Ausbildung, ist ein bestimmtes Maß an Geduld notwendig. Denn man muß dem Pferd genügend Zeit geben, sich eine neue Lektion einzuprägen. Da das Gehirn des Pferdes nicht die gleiche Kapazität aufweist wie das des Menschen, versteht das Tier zum einen viel langsamer. Zum anderen kann es längst nicht alles begreifen, was wir ihm beizubringen versuchen. Nach dem zehnten erfolglosen Versuch kann man schon mal die Geduld verlieren und sich zu unfairen Handlungen hinreißen lassen. Man ist versucht, dem Tier die Schuld zu geben, und unterstellt ihm, daß es nicht verstehen will. Tatsächlich liegt der Fehler aber bei einem selbst, wenn man nicht in der Lage ist, dem Pferd die Lektion verständlich zu machen.

Die Geduld ist deshalb eine sehr wichtige Tugend, die man für den Umgang mit dem Pferd benötigt. Eng damit verknüpft ist die Selbstbeherrschung, denn sobald man ungeduldig wird, verliert man auch schnell die Fassung und straft den vierbeinigen Partner womöglich zu Unrecht. Man muß sich damit abfinden, daß in der Pferdeausbildung alles sehr langsam geht. Am besten ist es, wenn man beim Üben einer neuen Lektion zu Beginn überhaupt kein Resultat erwartet oder damit rechnet, daß sich der Erfolg erst nach dem zwanzigsten Versuch einstellen wird. Dann ist man positiv

HORSEMANSHIP – WAS IST DAS?

Unter dem Begriff Horsemanship versteht man das in jeder Hinsicht faire Verhalten des Menschen gegenüber dem Pferd. Neben der artgemäßen Haltung und der Erfüllung der natürlichen Bedürfnisse des Pferdes ist die artgerechte Behandlung ein wesentlicher Bestandteil der Horsemanship.

Wer im täglichen Umgang mit seinem Pferd Horsemanship praktiziert, der setzt die Philosophie der Westernreitweise in die Tat um. Damit ihm dies gelingen kann, muß der Reiter jedoch über bestimmte Charaktermerkmale verfügen. Die Grundvoraussetzungen für gelebte Horsemanship sind im einzelnen:

- Geduld,
- Selbstbeherrschung,
- Konsequenz,
- Gefühl,
- Nachsicht,
- Ruhe,
- Zufriedenheit und
- Konzentration.

Ein Reiter, der über diese Tugenden verfügt und sie beim Umgang mit dem Pferd auch anwendet, wird von den Westernreitern respektvoll als Horseman bezeichnet.

überrascht, wenn es nach dem zehnten Mal schon funktioniert. Bei der Umstellung eines Pferdes von einer Reitweise auf eine andere muß man besonders viel Geduld aufbringen. Denn es ist schwieriger, einmal einstudierte Verhaltens- und Bewegungsmuster zu verändern, als etwas ganz neu zu erlernen.

Der Reiter muß außerdem die richtige Mischung aus Großzügigkeit und Strenge finden. Zuviel Gutmütigkeit führt leicht dazu, daß man die Kontrolle über das Pferd verliert. Das kann so weit gehen, daß einem das Tier regelrecht auf der Nase herumtanzt – denn so klug sind Pferde allemal, daß sie es sofort erkennen, wenn sie ihren Willen durchsetzen können. Dies kann schließlich gefährliche Situationen zur Folge haben. Um die Sicherheit für Pferd und Reiter zu gewährleisten, muß man stets mit Konsequenz vorgehen. Das bedeutet nun aber wiederum nicht, daß man eine unverhältnismäßige Härte an den Tag legen soll. Die richtige Mischung wird durch das Gefühl des Reiters bestimmt. Sie kann von Pferd zu Pferd schwanken, denn es ist immer so viel Härte notwendig, daß man sich durchsetzen kann – aber auch nicht mehr. Wenn man beispielsweise weiß, daß ein Pferd die Nachsichtigkeit des Menschen nicht ausnützt, kann man eine eigentlich angebrachte Strafe auch einmal unterlassen. Der Verzicht auf eine Strafe ist außerdem immer dann ratsam, wenn man unsicher ist, ob das Pferd nun gemaßregelt werden soll oder nicht. Es ist allemal besser, einmal zuwenig zu strafen, als das Pferd ungerechtfertigt zurechtzuweisen.

Einfacher ist es, das richtige Maß an Lob zu finden, denn loben

Mit viel Geduld und Lob kommt man schneller ans Ziel.

kann man ein Pferd nicht oft genug. Natürlich ist ein Lob nicht angebracht, wenn das Pferd offensichtlich ungehorsam war, doch ein unverdientes Lob ist sicherlich besser als eine ungerechtfertigte Strafe. Das Gefühl für die gerechte Behandlung des Pferdes basiert auf dem sogenannten „gesunden Menschenverstand".

Der Westernreiter faßt all diese Tugenden zu einem einzigen Begriff zusammen: *Horsemanship*. Dieses Wort steht für die pferdegerechte Behandlung des Tieres, zu der auch die artgemäße Haltung, die Erfüllung seiner natürlichen Bedürfnisse und der faire Umgang mit ihm gehören (siehe auch Seite 41).

Wer von sich weiß, daß er eher ein ungeduldiger Mensch ist, der oft die Selbstbeherrschung verliert, schnell wütend wird und zu faul ist, um eine Marschrichtung konsequent beizubehalten, muß nun nicht gleich verzweifeln. Man kann sich die oben genannten Charaktermerkmale mit etwas gutem Willen auch aneignen. Das Bemühen um die richtige Behandlung des Pferdes ist die beste Form der Selbsterziehung. Darum gilt der Umgang mit Pferden (oder anderen Tieren) auch für Kinder und Jugendliche als erzieherisch sehr wertvoll. Um eine harmonische Beziehung zu einem Tier aufbauen zu können, muß man sich positive Charaktereigenschaften anerziehen.

Wenn ein Mensch bereits gewisse Eigenschaften mitbringt – zum Beispiel aufgrund seiner Erziehung, meist aber durch Veranlagung –, sagt man häufig, er habe eine „gute Hand" für Tiere (oder speziell für Pferde). Dabei ist das Gefühl ausschlaggebend, das ihn instinktiv richtig reagieren läßt. Solche „Naturtalente" sind aber leider relativ selten.

Ein positives Umfeld schaffen

Die charakterlichen Eigenschaften sind sicherlich die wichtigsten Voraussetzungen für eine erfolgreiche und harmonische Zusammenarbeit mit dem Pferd. Doch sie können nur dann vollständig zum Tragen kommen, wenn auch das Umfeld „stimmt". Sowohl Menschen als auch Pferde können in einer positiven Atmosphäre am effektivsten arbeiten und lernen. Wenn man sich an einem Ort wohl fühlt, fällt es einem erheblich leichter, sich auf eine bestimmte Aufgabe zu konzentrieren. Dem Pferd geht es dabei nicht anders. Deshalb werden auf dem heimatlichen Reitplatz, der dem Pferd vertraut ist, in der Regel auch die besten Resultate erzielt. Kein Pferd wird auf dem Turnierplatz bessere Leistungen erbringen können als zu Hause. Die Atmosphäre auf dem Turnier ist angespannt und ungewohnt. Schon in seiner vertrauten Umgebung kann ein Pferd durch geringfügige Veränderungen aus der Fassung gebracht werden. Auf dem Turnier wird es auf einmal mit den verschiedensten irritierenden Faktoren konfrontiert: Publikum, fremde Pferde, Bandenwerbung, Musik, Fahnen und so weiter.

Jede Ablenkung stört das Tier in seiner Konzentration und erschwert die Kommunikation zwischen Reiter und Pferd. Deshalb ist es sehr wichtig, beim Training für eine positive Atmosphäre zu sorgen, in der sich beide wohl fühlen. In der Regel ist dies auf dem heimatlichen Reitplatz der Fall – oder besser noch in einer vertrauten Halle, die umschlossen und deshalb von äußeren Einflüssen ideal abgeschirmt ist.

Beim Training sollte man auch darauf achten, daß keine Störfaktoren wie spielende Kinder oder auf der Nachbarweide herumlaufende Pferde die Arbeit beeinträchtigen. Dieser Aspekt muß vor allem dann berücksichtigt werden, wenn das Pferd etwas Neues lernen soll, also bei der Ausbildung eines Jungpferdes oder eben beim Umstellungs-Training. Werden dagegen Lektionen, die der vierbeinige Partner bereits beherrscht, nur noch vertieft oder wiederholt, sind solche Störfaktoren nicht unbedingt unerwünscht. Denn das Pferd muß auch lernen, mit derartigen Umständen zurechtzukommen. Ein regelrechtes Abschirmen des Pferdes beim Training ist nur dann sinnvoll, wenn es sich intensiv konzentrieren muß, um möglichst effektiv lernen zu können.

Ein angenehmes Umfeld ermöglicht Pferd und Reiter auch die notwendige Entspannung, die beim Lernen von großer Bedeutung ist. Verspannungen, durch eine negative Trainingsatmosphäre hervorgerufen, beeinträchtigen dagegen den Lernprozeß und die Mobilität des Körpers. Die Atmosphäre kann sich auch unabhängig vom Trainingsplatz negativ entwickeln, wenn äußere Störeinflüsse vorhanden sind oder der Reiter sich dem Pferd gegenüber unfair verhält.

Eine positive Atmosphäre kann man schaffen, indem man äußere Störfaktoren gering hält und mit der richtigen Einstellung an das Training herangeht. Dies ist nur möglich, wenn man sich gut fühlt. Sicherlich hat jeder einmal einen schlechten Tag – die Kunst besteht nur darin, das auch zu erkennen und folglich auf das Reiten zu ver-

Kein Pferd wird auf dem Turnier bessere Leistungen erbringen können als auf dem heimatlichen Reitplatz, weil auf der Veranstaltung viele zusätzliche Faktoren auf das Tier einwirken: fremde Pferde, Publikum, Bandenwerbung, Musik ...

zichten. Denn wenn man „schlecht drauf" ist, wird es einem kaum möglich sein, für eine positive Atmosphäre zu sorgen.

Neben der richtigen Einstellung muß man auch stets genügend Zeit mitbringen, wenn man sich mit dem Pferd beschäftigen will. Es hat wenig Sinn, schnell für eine halbe Stunde zum Pferd zu eilen und einige Lektionen durchzuüben, um dann in aller Hektik zum nächsten Termin zu hasten. Diese Vorgehensweise bringt nur Unruhe ins Training, die Pferd und Reiter nervös und ungeduldig macht.

Wenn man viel Zeit hat, kann man alles in Ruhe üben und hat keine Schwierigkeiten, sich zu gedulden. Man sollte sich stets doppelt soviel Zeit nehmen wie für das eigentliche Training nötig. Will man eine Stunde mit dem Pferd arbeiten, sollte man also mindestens zwei Stunden zur Verfügung haben. Es können sich unvorhergesehene Verzögerungen im Trainingsablauf ergeben, die man einkalkulieren sollte, um Eile von vornherein auszuschließen. Wenn man viel Zeit hat, stellt sich fast automatisch eine innere Ruhe ein, die für das Training sehr vorteilhaft ist.

Nicht nur das Pferd sollte ausgeglichen sein, sondern auch der Mensch. Das Pferd ist zufrieden, wenn es genügend Bewegung hat und den Kontakt zu Artgenossen pflegen kann, kurz: wenn seine natürlichen Bedürfnisse erfüllt werden. Für den Menschen gelten ähnliche Regeln. Wer mit seinem Leben nicht zufrieden ist und zuviel Streß oder Ärger am Hals hat, kann bei der Arbeit mit dem Pferd nicht ausgeglichen sein. Viele Reiter sehen zwar den Umgang mit dem Pferd als Mittel an, um überhaupt einmal vom Alltag abschalten zu können, doch die Erholung ist wiederum nur dann gewährleistet, wenn das Tier ausgeglichen ist. Ansonsten müßte man sich nur mit dem Pferd herumärgern und könnte sich dabei keineswegs entspannen. Hat man selbst Erholung nötig, bietet sich ein lockerer Ausritt an, aber kein konzentriertes Training auf dem Reitplatz. Nur wenn Pferd und Reiter sich wohl fühlen, locker und entspannt sind und man über viel Zeit verfügt, ist ein sinnvolles Training möglich.

Die Trainingsatmosphäre können auch andere Reiter beeinflussen, die einem bei der Arbeit zusehen, selbst auf dem Reitplatz arbeiten und/oder möglicherweise mitreden. Sind es Freunde, die mit derselben Einstellung an den Umgang mit dem Pferd herangehen, kann man durch einen Gedankenaustausch eine wertvolle Unterstützung erhalten. Sind einem die anwesenden Leute dagegen eher unsympathisch, wollen sie einem zwar vielleicht gutgemeinte, aber wenig nützliche Ratschläge erteilen, wissen sie alles besser oder nerven sie anderweitig, so ist ein effektives Training nicht mehr möglich.

Um in einem positiven Umfeld arbeiten zu können, sollte man sich deshalb mit Gleichgesinnten zusammenschließen oder lieber alleine üben, bevor man sich mit Besserwissern auf lange Diskussionen um die richtige Methode einläßt. All den Faktoren, die einen ärgern, nervös machen oder einfach nur stören, sollte man nach Möglichkeit aus dem Weg gehen.

Die neuen Aufgaben

Den Umstieg von der englischen Reitweise aufs Westernreiten stellt sich jeder Reiter etwas anders vor. Manche meinen, es sei damit getan, lediglich die Ausrüstung zu wechseln, während andere denken, man müsse alles ganz von neuem lernen. Beide Ansichten sind nicht völlig falsch, aber eben auch nicht ganz richtig. In erster Linie kommt es immer auf die Voraussetzungen an, die das jeweilige Reiter-Pferd-Paar mitbringt.

Je weiter ein Reiter in der Englischreitweise fortgeschritten ist, desto feinfühliger kann er auf dem Pferderücken agieren und um so leichter tut er sich, die Techniken der Westernreitweise aus dem Gefühl heraus umzusetzen. Andererseits sind ihm bestimmte Gewohnheiten derart in Fleisch und Blut übergegangen, daß ihm die Umstellung in diesen Dingen schwerfällt. Wer in der englischen Reitweise nicht über das Anfängerniveau hinausgekommen ist, muß das Reiten im Westernstil meist grundsätzlich neu erlernen. Doch der unerfahrene Reiter hat in der Regel keine großen Probleme, sich eine Hilfengebung abzugewöhnen, die er sich noch gar nicht so recht angewöhnt hatte. Gewisse Grundkenntnisse und -fähigkeiten kann man aber bei jedem Reiter voraussetzen, der aufs Westernreiten umsteigen will. Hierzu gehören das Gleichgewichtsgefühl und das Wissen um die natürlichen Reaktionen des Pferdes. Auch das bisher englisch gerittene Pferd bringt bereits eine Grundausbildung mit, auf die man bei der Umstellung zurückgreifen kann.

Die Umgewöhnung kann deshalb nicht mit der Ausbildung eines Jungpferdes gleichgesetzt werden, obwohl es viele Parallelen gibt. Die Schwerpunkte der Westernausbildung müssen bei der Umstellung anders gesetzt werden als bei der Ausbildung eines rohen Pferdes beziehungsweise eines Reitanfängers. Da aber die Zielvorstellungen in der Westernreitweise anders gelagert sind, verläuft auch die Ausbildung nicht nach dem Schema, das der Reiter vom Englischreiten her kennt. Er muß sich den neuen Aufgaben deshalb unvoreingenommen öffnen, um bei der Umschulung erfolgreich sein zu können.

Ist Westernreiten leichter erlernbar?
Besonders Menschen, die das Reiten möglichst schnell erlernen wollen oder auf der Suche nach dem leichtesten Weg sind, fragen sich oft, ob das Westernreiten leichter erlernbar ist als das Englischreiten. Diese Frage läßt sich nicht mit einem Satz beantworten, weil immer auch die Voraussetzungen berucksichtigt werden müssen, die der Lernwillige mitbringt.

Gerade dem Englischreiter drängt sich oftmals der Verdacht auf, das Westernreiten sei in seinen Grundsätzen leichter erlernbar, weil es auf den ersten Blick relativ einfach aussieht. Zu diesem Eindruck tragen beispielsweise die lockere Zügelführung, das eher lässige Outfit sowie das in natürlicher Selbsthaltung gehende Pferd bei. Doch gerade die Dinge, die sehr leicht erscheinen, sind meist recht schwierig zu praktizieren. Auch ein sehr guter Dressurreiter erweckt von der Optik her den Eindruck, die

Durch gleichgesinnte Freunde kann man beim Training eine wertvolle Unterstützung erfahren.

anspruchsvollsten Lektionen seien ein Kinderspiel. Tatsächlich ist die äußerlich sichtbare Leichtigkeit ein Zeichen von vollendeter Harmonie: Die einzelnen Bausteine fügen sich perfekt ineinander, und Pferd und Reiter bilden eine Einheit. Das feine und leichte Zusammenspiel der beiden ist also unabhängig von der Reitweise. Die speziellen Anforderungen, die jeder Reitstil an Pferd und Reiter stellt, können nur mit Leichtigkeit erfüllt werden, wenn beide Partner eine fundierte Ausbildung hinter sich gebracht haben.

Die Anforderungen der verschiedenen Reitweisen sind nur jeweils anders gelagert und können dem Reiter besser oder schlechter liegen. So mancher empfindet möglicherweise das Westernreiten als einfacher, weil es seinem Talent und seiner Grundeinstellung entspricht. Für ihn ist diese Reitweise dann auch tatsächlich müheloser erlernbar. Er bringt das entsprechende Gefühl mit, so daß es ihm leichter fällt, beispielsweise die in der Theorie erlernte Hilfengebung in die Praxis umzusetzen. Wenn es ihm außerdem widersinnig erscheint, ein Pferd – wie in der englischen Reitweise gefordert – ständig anzutreiben, obwohl es bereits in Bewegung ist, und wenn er deshalb die Hilfen der englischen Reiterei als unlogisch empfindet, wird er sich in dieser Reitweise weder wohl fühlen noch besonders erfolgreich sein. Ein solcher Reiter wird folglich das Gefühl haben, das Englischreiten sei eher „schwer erlernbar".

Ob eine Reitweise schwer oder leicht zu erlernen ist, liegt also nicht an der Reitweise an sich, sondern nur am Reiter selbst. Vorsicht ist jedoch geboten, wenn man eine Reitweise als „leicht" abtut, weil man vielleicht glaubt, man sei ein Naturtalent. Eine solche Einstellung führt leicht dazu, daß man es als unnötig empfindet, Neues dazuzulernen, weil man der Meinung ist, man könne schon alles. Damit verbaut man sich aber den Weg zum wirklich guten Reiten. Beim Reiten und im Umgang mit Pferden lernt man grundsätzlich nie aus! Wer dies begriffen hat, wird niemals behaupten, eine Reitweise sei leicht zu erlernen. Das Reiten in jedem Stil stellt – ernsthaft betrieben – hohe Anforderungen an Reiter und Pferd.

Das Ausmaß der Umschulung

Bei einer Umschulung erwirbt man neues Wissen, das den eigenen Horizont erweitert. Dadurch wird man in die Lage versetzt, Pferde und Reiter aller Sparten, aber auch das eigene Können besser einzuschätzen. Umsteiger sind nicht nur mit der einen Seite der Reiterei vertraut, sondern kennen den Reitsport von verschiedenen Blickwinkeln aus. Sie sind deshalb in der Regel aufgeschlossener gegenüber Neuem, aber auch Traditionellem. Die Bereitschaft zur individuellen Behandlung der Pferde und zu einer toleranteren Einstellung gegenüber Reitern anderer Sparten ist groß, so daß das Verständnis aller Pferdefreunde füreinander gefördert wird, gleich, welcher Reitweise oder Disziplin sie sich widmen.

Mit der Umschulung ist auch ein generelles Umdenken verbunden. Da einem viele Dinge im Zusammenhang mit der Reitweise oder dem Umgang neu und fremd sind, betrachtet man sie kritischer und denkt intensiver über deren Sinn und Zweck nach. Methoden und Praktiken werden nicht mehr blind-

Eine tolerante Einstellung ermöglicht die Zusammenführung aller Pferdefreunde, ganz gleich, welcher Reitweise sie sich widmen.

UNTERSCHIEDE ZWISCHEN NEULERNEN UND UMLERNEN

Der deutlichste Unterschied zwischen der Ausbildung eines absoluten Anfängers und der Umschulung eines fortgeschrittenen Reiters liegt darin, daß der Einsteiger nicht durch bereits erlernte Techniken vorbelastet ist. Er kann sich darum völlig frei und unvoreingenommen der neuen Aufgabe widmen, während der Umsteiger zunächst einmal gewohnheitsmäßige „Altlasten“ loswerden muß, die bei der Ausübung der neuen Reitweise hinderlich sind.

Andererseits hat der Umsteiger gegenüber dem absoluten Neuling aber auch gewisse Vorteile, weil er bereits über allgemeine Erfahrungen im Umgang mit dem Pferd verfügt. Er kennt dessen natürliche Reaktionen und hat ein Gefühl für die Bewegungsabläufe des Pferdes. Er muß nicht mehr mit dem Gleichgewicht kämpfen oder das Führen und Putzen erlernen. Darum kann sich der Umsteiger stärker auf die Reitmethoden konzentrieren.

Für das bisher englisch gerittene Pferd gestaltet sich das Umstellungs-Training ähnlich wie für den Reitanfänger. Es wird hauptsächlich Neues hinzulernen und sich weniger abgewöhnen müssen. Der Grund hierfür liegt darin, daß es stets auf die Aktionen des Reiters reagiert – und zwar aufgrund seiner natürlichen Verhaltensweisen. Es wird ihm deshalb gar nicht bewußt, daß es umgeschult wird, sondern es registriert lediglich die neuen Aufgaben, mit denen es konfrontiert wird.

lings übernommen, sondern auf ihre Zweckmäßigkeit hin geprüft.

Dies alles sind nützliche Begleiterscheinungen, die aus einer Umschulung resultieren, doch dafür muß der Reiter auch so manches Opfer bringen. Für die Umstellung benötigt er ein erhöhtes Maß an Einsatzbereitschaft, denn es ist nicht damit getan, lediglich etwas Neues zu lernen – gleichzeitig muß man auch von alten Angewohnheiten ablassen. Deshalb muß der Umsteiger geduldig an sich arbeiten und darf nicht vorzeitig den Mut verlieren, wenn er immer wieder erkennen muß, daß er in den „alten Trott“ zurückgefallen ist.

Sobald man von sich aus erkennt, daß man wieder in eine alte Gewohnheit „hineingeschlittert“ ist, beginnt man zu lernen und Fortschritte zu machen, denn damit ist man in der Lage, seine Fehler zu berichtigen. Die Fehlerkorrektur ist der erste Schritt, wenn man Neues lernen und das Erlernte festigen möchte. Hat man einen Fehler erkannt, ist dies schon ein Grund, sich zu freuen, denn damit hat man erst die Möglichkeit, ihn zu korrigieren. Viele Reiter sind deprimiert, wenn sie bemerken, daß sie etwas falsch gemacht haben – zu Unrecht, denn einen unerkannten Fehler kann man nicht korrigieren.

Die Bedeutung für das Pferd

Weil das Pferd auf die Aktionen des Reiters immer nur reagiert, wird ihm nicht bewußt, daß es auf eine andere Reitweise umgeschult wird. Sicherlich wird es aber erkennen, daß von ihm neue Lektionen verlangt werden, die eine gewisse Umgewöhnung nötig machen. Außerdem wird ihm klarwerden, daß andere, gewohnheitsmäßige Verhaltens- und Bewegungsmuster plötzlich unerwünscht sind.

Für das Tier ist das Umstellungs-Training etwas Neues, und darum wird es um so aufmerksamer und interessierter mitarbeiten. Manche Pferde mögen eventuell Schwierigkeiten haben, sich auf neuartige Hilfen und eine andere Körperhaltung einzustellen, da sie nicht gerne von ihren alten Gewohnheiten ablassen. Pferde sind Gewohnheitstiere, sie lieben den immer gleichen Tagesablauf, weil sie sich sicher fühlen, wenn alles seinen üblichen Gang geht. Deshalb ist es für manche Pferde auch sehr aufregend, wenn plötzlich der Schmied auf den Hof kommt oder anderer Besuch auftaucht.

Doch neuartige Dinge bringen auch Abwechslung in den oft tristen Alltag der Pferde, die sich die meiste Zeit sowieso langweilen. Die Tiere stehen viel zu häufig apathisch im Auslauf oder in der Box. Da kann ein kurzweiliges Training mit zunächst noch ungewohnten Elementen für Abwechslung sorgen und einen Anstoß zu neuem Tatendrang geben.

Viele Pferde empfinden es als angenehm, wenn sie das Gewicht des Reiters nicht in stark versammelter Haltung ausbalancieren müssen. Dies kommt ihren natürlichen Bewegungsabläufen entgegen. Die Aufforderung zur aktiven Mitarbeit gibt ihnen außerdem die Möglichkeit, ihr Vertrauen, ihren Fleiß und ihren Charakter zu zeigen – ein großer Schritt in Richtung Selbstverwirklichung. Darum wird die Umstellung auf den Westernstil von den meisten Pferden sehr gut angenommen. Viele bislang unfair behandelte oder verdorbene Pferde gewinnen dabei neuen Lebensmut zurück. Ihnen kann man die Dankbarkeit oftmals regelrecht von den Augen ablesen.

Die meisten Reiter, die ihre Pferde auf die Westernreitweise umgestellt haben, berichten von einer positiven Veränderung ihrer Vierbeiner. Dennoch kann es auch vorkommen, daß das Pferd plötzlich Probleme bekommt, weil es sich in der Englischreitweise bislang sehr wohl gefühlt hat und mit den Anforderungen im Westernstil schlicht nicht zurechtkommt. Vielleicht fehlt ihm das Gebiß als „Stütze" oder die ständige Tuchfühlung mit den Reiterschenkeln. Unter Umständen fühlt sich das Pferd dann regelrecht „allein gelassen" – beispielsweise, wenn es nicht selbstbewußt genug ist.

Doch das Selbstbewußtsein des Pferdes kann man im Zuge der Umstellung fördern und stärken, wenn man genügend Geduld aufbringt. Jedes Pferd wird sicherlich ganz individuell auf die Umschulung zum Westernpferd reagieren. Wichtig ist dabei in jedem Fall, daß das Tier genügend Zeit bekommt, sich an die veränderten Umstände zu gewöhnen, aber auch, daß man ein Pferd nie in eine Rolle zu zwingen versucht, die nicht zu ihm paßt.

Das Wechseln der Ausrüstung

Durch eine westernmäßige Ausrüstung wird man noch lange nicht zum Westernreiter – doch Sattel, Zäumung und Outfit tragen ihren Teil zur Umstellung bei.

Wer die Philosophie einer Reitweise ganzheitlich umsetzen möchte, der muß nicht nur die entsprechende Grundeinstellung mitbringen und die Technik der Hilfengebung erlernen, sondern auch die zum Reitstil gehörige Ausrüstung verwenden.

Für die meisten Reiter hat das Outfit Priorität, weil sie ihren Reitstil auch äußerlich weithin erkennbar machen wollen. Schon aus diesem Grund gehört das Wechseln der Ausrüstung zur Umstellung aufs Westernreiten, doch die Ausstattung hat im allgemeinen nicht die Bedeutung, die ihr viele Reiter gerne zuschreiben. Es ist keineswegs zwingend notwendig, einen Westernsattel zu benutzen, um den Westernreitstil zu praktizieren, denn in erster Linie lebt die Reitweise von ihrer Philosophie und ihrer speziellen Technik. Die Ausrüstung ist sozusagen das „I-Tüpfelchen", das aber durchaus seinen Teil zur Umsetzung von Technik und Philosophie in die Praxis beiträgt.

Die Ausrüstung kann unterschiedliche Wirkungsweisen zur Folge haben – so beeinflußt beispielsweise die Zäumung die Kommunikation zwischen Reiter und Pferd, und der Sattel hat Auswirkungen auf den Sitz des Reiters und somit auf die Hilfengebung. Folglich ist die Ausrüstung als eine Art Bindeglied zwischen Reiter und Pferd zu verstehen, als Mittel zum Zweck, das die Verständigung zwischen Reiter und Pferd, aber auch die Umsetzung der Theorie in die Praxis erleichtern soll. Die Demonstration des Reitstils nach außen hin spielt dagegen eine untergeordnete Rolle.

Was bewirkt eine andere Ausrüstung?

Die Entwicklung der Ausrüstung für eine bestimmte Reitweise steht immer im Zeichen der Zweckmäßigkeit. Deshalb sollten sich die verwendeten Gegenstände und Hilfsmittel eigentlich den Veränderungen der reiterlichen Ziele angleichen. Das ist aber nur unzureichend der Fall, weil die meisten Menschen sehr traditionsbewußt und deshalb gegenüber Neuerungen häufig skeptisch sind. Obwohl sich die reiterlichen Schwerpunkte sehr stark auf das Gelände- und Freizeitreiten verlagert haben, blieb die Ausrüstung in ihrer ursprünglichen Form sehr lange unverändert. Nur sehr zögerlich – und häufig erst dann, wenn es nicht mehr zu vermeiden war – paßte sie sich im Laufe der Zeit dem Nutzungs- und Zielwandel der Reiterei an.

Heute hat jeder Reiter die Möglichkeit, eine Reitweise zu wählen, die seinen Zielvorstellungen entspricht. Bekanntlich sind über 90 Prozent aller Reiter Gelände-Freizeitreiter – im Grunde könnten sie sich alle für die Westernreitweise entscheiden, denn sie entwickelte sich als Gebrauchsreitweise vorwiegend im Gelände und ist daher für diese Form der Reiterei hervorragend geeignet. Mit der Verbreitung des Westernstils im Freizeitbereich entstand auch eine zweckmäßige Ausrüstung für das Geländereiten.

Die Westernausrüstung ist in erster Linie auf Zweckmäßigkeit ausgerichtet, denn bei der alltäglichen Arbeit war jeglicher „Schnickschnack", der möglicherweise das

Erscheinungsbild eines Reiters beeinflussen sollte, nur hinderlich. Doch auch die Cowboys legten Wert darauf, sich mit ihren Ausrüstungsgegenständen zu schmücken, jedoch nur, soweit sie dadurch nicht in ihrer Arbeit behindert wurden. So entstanden beispielsweise kunstvoll verzierte Sättel oder selbstgefertigte Hutbänder. Der Großteil der Ausrüstungsgegenstände war jedoch immer auf Zweckmäßigkeit und Bequemlichkeit ausgerichtet.

Beim amerikanischen Cowboy hatte jedes Ausrüstungsteil in seiner individuellen Ausführung einen bestimmten Zweck zu erfüllen. Nichts war überflüssig oder umständlich zu handhaben. Der heutige Westernreiter hat vieles übernommen, weil diese Ausrüstung auch für seine heutigen reiterlichen Ziele sinnvoll und praktisch ist. Bei der Umstellung von der Englisch- auf die Westernausrüstung wird man viele praktische Details entdecken, die einem das Reiten und den Umgang mit dem Pferd erleichtern. Der Gelände- und Freizeitreiter hat die freie Auswahl aus dem großen Fundus von Ausrüstungsgegenständen auf dem Reitsportmarkt. Niemand schreibt einem vor, daß man zwingend einen Westernsattel verwenden *muß*, wenn man die Westernreitweise praktizieren will. Man wird aber feststellen, daß nicht nur die Reitweise an sich, sondern auch die Ausrüstung große Vorteile mit sich bringt. Die Verwendung dieser Gegenstände ist also durchaus sinnvoll.

Die Paßform

Weil jedes Pferd – genau wie jeder Reiter – einen ganz individuellen Körperbau hat, kann es keine einheitliche Form der Ausrüstung geben. Wie es für den Menschen verschiedene Schuhgrößen und -formen gibt, so findet man auf dem Markt auch große, kleine, breite und schmale Sättel sowie dicke, dünne, schwere und leichte Gebisse, um jedem Pferd und jedem Reiter gerecht zu werden. Die richtige Paßform der Ausrüstung ist von grundlegender Bedeutung, damit die gewünschte Wirkung nicht beeinträchtigt wird. Außerdem können sich Reiter und Pferd nur mit exakt angepaßter Ausrüstung wohl fühlen und entspannt miteinander kommunizieren. Nur so ist gutes Reiten und somit auch Freude beim Reiten und beim Umgang mit dem Tier möglich.

Besonders wichtig ist die gute Paßform von Sattel und Gebiß. Der Sattel muß dem Reiter von der Sitzform und -größe her angenehm sein, und der Sattelbaum muß exakt zum Pferderücken passen, damit das Gewicht gleichmäßig verteilt wird und der Sattel nicht drückt oder scheuert. Das Gebiß darf nicht drücken oder dem Pferd unangenehm im Maul liegen, es muß gut auf die Maulform abgestimmt sein. Das Zaumzeug darf nirgendwo scheuern oder an den Ohren zwicken. Der Backenriemen sollte nicht zu nah am Auge vorbeilaufen (was bei der Bosal-Hackamore oft der Fall ist), weil sich das Pferd daran stören könnte und sogar die Gefahr besteht, daß es am Auge verletzt wird.

Auch dem Sattelgurt sollte man erhöhte Aufmerksamkeit schenken, denn zum einen ist er für die Sicherheit des Reiters sehr wichtig, zum

Die Ausrüstung muß genau angepaßt werden.

anderen kann er dem Pferd auch enorme Schmerzen und großes Unbehagen bereiten, wenn er nicht richtig sitzt. Zu strenges Gurten kann Druckstellen verursachen, und auch ungeeignetes Material führt zu Juckreiz, Druck- und Scheuerstellen.

Nur eine optimal angepaßte Ausrüstung kann ihre gedachte Wirkungsweise voll entfalten. Unpassende Ausrüstungsgegenstände verhindern die korrekte Wirkung und führen zu Unbehagen, Schmerzen und Unwohlsein. Sie fügen dem Pferd nicht nur Leid zu, sondern behindern auch die Ausbildung und Kommunikation oder machen sie sogar ganz unmöglich.

Die Wirkungsweisen

Jeder Ausrüstungsgegenstand sollte einen bestimmten Sinn und Zweck erfüllen. Manche dienen dazu, die Kommunikation zwischen Reiter und Pferd zu erleichtern. Dies trifft ganz besonders auf Gebisse und Zäumungen zu, aber auch auf Hilfsmittel wie Gerte, Peitsche oder Hilfszügel. Der Sattel hat die Aufgabe, den Sitz des Reiters zu fixieren, damit dieser mit den Schenkeln und dem Gewicht optimal auf das Pferd einwirken kann.

Alle mechanischen Hilfsmittel wirken entweder mit einem Zug oder Druck auf das Pferd ein. Man kann aber auch optische Reize erzeugen, beispielsweise mit der Gerte oder der Peitsche bei der Arbeit am Boden. Ein Heben oder Senken der Gerte ist für das Pferd ein Signal – es findet also eine Kommunikation statt.

Die Gebisse wirken über Zug- und Druckmechanismen, je nach Ausführung und Anwendung. Das Pferd muß dabei lernen, die Einwirkungen in die gewünschten Reaktionen umzusetzen. Von Natur aus baut es bei Druck einen Gegendruck auf und erwidert einen unangenehmen Zug, indem es dagegenzieht. Es muß deshalb während der Ausbildung und Umstellung (sofern noch nicht geschehen) lernen, einem Zug oder Druck nachzugeben.

Es ist ganz besonders wichtig, die Wirkungsweisen verschiedener Gebisse und auch anderer Ausrüstungsgegenstände zu kennen, damit man sie korrekt anwenden kann. Jeder falsche Einsatz führt nicht nur zu Mißverständnissen, sondern auch zu Unbehagen und Schmerzen beim Pferd. Nicht selten handhabt der Reiter beispielsweise Zäumungen und Gebisse unwissentlich falsch, weil er die Wirkungsweisen dieser Ausrüstungsgegenstände nicht kennt und das Pferd sich nicht in der menschlichen Sprache mitteilen kann.

Neben der Pferdesprache muß man deshalb auch die Wirkung der verschiedenen Ausrüstungteile kennen und verstehen. Eine anspruchsvolle Aufgabe ist es dabei, sich mit den unterschiedlichen Wirkungsweisen der Gebisse vertraut zu machen. Man muß wissen, welche mechanischen Vorgänge ablaufen, wenn man den Zügel in einer bestimmten Stärke annimmt. Das gleiche gilt für den Einsatz von Hilfszügeln und Zusatzausrüstung.

Die Kleidung

Bei der Kleidung hat man den größten Entscheidungsspielraum, da sie weitgehend vom Pferd unabhängig ist. Im Prinzip kann man zum Reiten anziehen, was einem gefällt – solange die Kleidung den grundsätzlichen Sicherheitsansprüchen genügt.

Beim Freizeit- und Geländereiten ist man in der Wahl der Kleidung völlig frei. Auf Turnieren muß man sich dagegen bestimmten Regeln unterwerfen. Diese Vereinheitlichung bei öffentlichen Wettbewerben hat nicht nur den Sinn, den Reitstil zu unterstreichen, sondern soll auch die Chancengleichheit wahren. So sind beim Westernreiten ein stilgerechter Hut, Westernstiefel und ein langärmeliges Hemd vorgeschrieben. Meistens wählt man dazu Jeans, obwohl auch andere Beinkleider gestattet sind. Die farbliche Zusammenstellung bleibt dem

Die Kleidung des Freizeitreiters sollte bequem und sicher sein.

SO WENIG WIE MÖGLICH, SO VIEL WIE NÖTIG

Man sollte grundsätzlich nur Ausrüstungsgegenstände verwenden, die sinnvoll sind und die Verständigung erleichtern. Überflüssig können beispielsweise Reithalfter oder Vorderzeug, aber auch Sporen und Gerte sein. Kein Ausrüstungsteil sollte unüberlegt eingesetzt werden, nur weil die Reiterkollegen es auch benutzen, denn die Ausstattung muß individuell nach den jeweiligen Ansprüchen von Reiter und Pferd ausgewählt werden. Ein Vorderzeug kann beispielsweise notwendig sein, wenn ein Pferd eine schlechte Sattellage hat und der Sattel dazu neigt, nach hinten zu rutschen. Bei einem anderen Pferd sitzt der Sattel gut – ein Vorderzeug ist dann überflüssig und könnte vielleicht sogar Scheuerstellen verursachen oder das Pferd in seinen Bewegungen behindern.
Viele Gebisse und Zäumungen erleichtern zwar dem Reiter die Arbeit, bringen für das Pferd aber Unannehmlichkeiten mit sich, wenn sie falsch angewendet werden. Der Einsatz einer bestimmten Zäumung – aber auch jedes anderen Ausrüstungsgegenstandes – ist deshalb nur dann gerechtfertigt, wenn der Reiter in der Lage ist, pferdegerecht damit umzugehen.
Wer sich über die Wirkungsweise der jeweiligen Ausrüstung im unklaren ist, ist leicht dazu verleitet, sinnlose und überflüssige Gegenstände zu benutzen oder aber auch sinnvoll konzipierte Teile falsch einzusetzen. Nur exakte Überlegungen über den Einsatz von Ausrüstungsgegenständen führen dazu, daß man ausschließlich Zweckmäßiges auswählt und sich damit automatisch auf das Notwendige beschränkt.

Reiter überlassen, so daß sich jeder nach seinem eigenen Geschmack ausstaffieren kann, solange er die im Regelbuch festgelegten Richtlinien befolgt. Die Turnierkleidung der Dressur-, Spring- und Vielseitigkeitsreiter ist detaillierter vorgeschrieben und schränkt den eigenen Spielraum bei der Kleiderwahl extrem ein. Folglich treten die Englischreiter in Turnierkleidung geradezu uniformiert auf.

Für den reinen Freizeitreiter sind die Kleidervorschriften der einzelnen Verbände und Turnierveranstalter völlig irrelevant. Dennoch wird man sich in der Regel dem Reitstil anpassen und als Westernreiter die bewährten Westernstiefel und die bequemen und widerstandsfähigen Jeans wählen. Erfahrungsgemäß bleiben die meisten Englischreiter bei ihren hohen Reitstiefeln aus Leder, Gummi oder Plastik und einer elastischen und lederbesetzten Reithose. Der Grund hierfür liegt meist in der Gewohnheit, aber auch in der Identifizierung mit der gewählten Reitweise. Man will – mehr oder weniger bewußt – nach außen hin zeigen, welchem Reitstil man sich verbunden fühlt. Die meisten Menschen legen sehr viel Wert auf Äußerlichkeiten – von der Pferdefarbe über die eigene Kleidung bis hin zum Make-up. Dabei werden häufig die inneren Werte außer acht gelassen. Dennoch ist ein Funken Wahrheit an der Aussage, daß man vom Äußeren meist auch auf das Innere schließen kann.

Trotzdem sollte die Optik bei der Wahl der Reitkleidung zweitrangig sein, denn in erster Linie muß man dabei auf die Sicherheit achten. Man sollte soviel Courage besitzen, die Kleidung zu wählen, die einem am sichersten erscheint – ganz egal, ob sie nun stilgerecht ist oder nicht. Der Umsteiger, der in der englischen Reitweise mit der Reitkappe „großgeworden“ ist, kann diese Kopfbedeckung selbstverständlich auch in der Westernreitweise beibehalten. Wenn er nur freizeitmäßig im Gelände reiten möchte, muß er

WESTERNHUT KONTRA REITKAPPE

Die Sicherheit sollte beim Reiten immer im Vordergrund stehen. Die in der englischen Reitweise übliche Reitkappe soll den Kopf dabei vor eventuellen Verletzungen bei einem Sturz vom Pferd schützen. Diesen Schutz bietet ein Westernhut nicht, weswegen er immer wieder kritisiert wird. Leider schützen aber auch die herkömmlichen Reitkappen den Kopf nur unzureichend, weil man sie während des Sturzes häufig verliert oder sie über die Stirn ins Gesicht rutschen. Durch den Schirm der Kappe haben sich außerdem schon viele Reiter das Nasenbein gebrochen. Ein weiterer Nachteil liegt darin, daß eine ausreichend eng sitzende Kappe in der Regel nach einer Weile drückt und damit häufig Kopfschmerzen verursacht.

Die meisten Reiter – egal, ob englisch oder western – verzichten deshalb auf den Schutz der Reitkappe. Dennoch muß gesagt werden, daß eine Kappe grundsätzlich besser ist als gar kein Schutz. Militaryhelme sind eine sehr gute Alternative und schützen den Kopf wohl am besten. Zumindest unsichere Reiter sollten auf einen Kopfschutz auf gar keinen Fall verzichten.

Nur erfahrene Reiter auf sehr gut ausgebildeten und sicheren Pferden können es verantworten, ohne Kappe oder Helm zu reiten. Viele von ihnen greifen gerne zum Westernhut, der vor starker Sonneneinstrahlung, aber auch vor Regen schützt. Damit kann man einen Gelände- oder Wanderritt genießen, ohne daß einem die Witterung viel anhaben kann.

Der beste Schutz ist im übrigen ein sicheres Pferd: Fällt man erst gar nicht herunter, kann man sich auch nicht verletzen. Das Sicherheitstraining hat in der Westernausbildung einen sehr hohen Stellenwert und schützt den Reiter besser als jede Reitkappe. Jeder Reiter muß aber in der Lage sein, das Risiko im Umgang mit seinem Pferd richtig einzuschätzen – und jeder ist selbst dafür verantwortlich, sich ausreichend zu schützen.

die Kappe nicht durch den Westernhut ersetzen. Die Kopfbedeckung dient vorrangig als Wetterschutz (Westernhut) oder der Sicherheit (Reithelm) und hat keinen Einfluß auf das Reiten selbst.

Bei der Wahl der Stiefel spielen schon mehrere Komponenten eine Rolle. Die hohen und deshalb oft unbequemen Schaftstiefel sind für das Reiten im Englischsattel konzipiert. Der hohe Schaft schützt den Unterschenkel des Reiters vor Pferdeschweiß und soll ihm Stabilität geben. Außerdem kann der Reiter mit dem hohen Schaft nicht unterm Sattelblatt hängenbleiben. Im Westernsattel kann der Reiter allerdings auf solche Stiefel verzichten, weil die *Fender* am Sattel den Schutz vor Pferdeschweiß übernehmen und ein „Verhaken" unter dem Sattelblatt unmöglich machen. Deshalb kann man im Westernsattel auch anderes Schuhwerk wie etwa die beliebten – weil bequemen – Turnschuhe tragen. Für Reiter im Englischsattel sind Turnschuhe jedoch ungeeignet, weil man aufgrund des fehlenden Absatzes sehr leicht durch den schmalen Bügel rutscht und bei einem Sturz vom Pferd mitgeschleift werden kann. Auch die Schnürung der Schuhe trägt nicht gerade zur Sicherheit des Reiters bei, weil man am Steigbügel hängenbleiben könnte. Diese Gefahr besteht beim Westernsteigbügel zwar auch, doch ist sie nicht so extrem, weil der Bügel eine breitere Trittfläche und eine größere Durchtrittsöffnung hat.

Bei der Wahl der Reitstiefel sollte man aber nicht nur an die Sicherheit denken, sondern auch darauf achten, daß man gut darin laufen kann. Sonst wird das Führen des Pferdes, das zum Beispiel bei steilen Wegstrecken oder auf hartem Geläuf notwendig sein kann, leicht zur Qual. Außerdem müssen die Stiefel bequem sein, also exakt passen und qualitativ hochwertig sein, damit ein entspanntes Reiten möglich ist.

Reithosen mit einem Besatz aus Leder oder anderem Material, wie sie meist von Englischreitern verwendet werden, sind sehr praktisch und bequem. Der Besatz an den Knieinnenseiten beziehungsweise zusätzlich am Gesäß und an den Oberschenkeln sorgt für einen sicheren Sitz, weil Rauhleder ebenso wie die modernen und pflegeleichteren Alternativen regelrecht am Sattel haftet. Für den Westernreiter ist die Haftung an den Knien allerdings von untergeordneter Bedeutung, weil für seinen tiefen Sitz die Balance ausschlaggebend ist, nicht aber der Knieschluß. Viele Westernsättel haben auch eine Rauhledersitzfläche, die ebenfalls einen „klebenden" Effekt hat. Dennoch sind die klassischen Reithosen auch im Westernsattel sehr bequem, weil sie elastisch sind und den Reiter deshalb nirgendwo zwicken oder einengen. Etwas widerstandsfähiger sind Jeans, die von den meisten Westernreitern bevorzugt werden. Auch hier gibt es Stretch-Modelle, die beim Reiten sehr angenehm sind. Zusätzlich kann man Chaps tragen, die die Jeans oder Reithosen vor Schmutz und den Reiter vor Kälte und Nässe schützen. Rauhlederchaps haben ebenfalls sehr gute Haftungseigenschaften.

Die Kleidung des Reiters richtet

Ob der Sattel gleichmäßig auf dem Pferderücken aufliegt, kann man überprüfen, indem man die flache Hand darunterschiebt.

sich in erster Linie nach den Witterungsverhältnissen. Man sollte darauf achten, daß Pullover oder Jacken nicht so weit geschnitten sind, daß man beim Absteigen vom Pferd am Sattel hängenbleiben kann. Ist die Kleidung dagegen zu eng, schränkt sie die Bewegungsmöglichkeiten des Reiters ein. Bei manchen Anoraks sind am Bund Schnüre eingezogen, die man zubinden kann, um sich beispielsweise bei kaltem Wind zusätzlich zu schützen. Einige Pferde benutzen die herabbaumelnden Schnurenden allerdings als Spielzeug. Sie beißen in den abschließenden Knoten oder die Plastikstulpe und ziehen daran oder kauen darauf herum. Auch das kann unter Umständen gefährlich werden – zum Beispiel beim Führen des Pferdes.

Der Sattel

Der Sattel ist ein markanter Ausrüstungsgegenstand, den die meisten Leute mit der Reitweise gleichsetzen. Ein Reiter, der einen Westernsattel verwendet, gilt automatisch als Westernreiter. Sitzt man dagegen in einem Englischsattel, wird man zwangsläufig zu den Englischreitern gezählt. Dabei hat der Sattel mit der Reitweise an sich nur wenig zu tun. Wer sich von seinem Englischsattel nicht trennen will, kann auch mit diesem im Westernstil reiten. Allerdings muß man gewisse

Die Fork darf nicht auf dem Widerrist aufliegen.

Einschränkungen in Kauf nehmen, weil der Englischsattel für einen anderen Zweck konzipiert wurde als der Westernsattel und für die Westernreitweise darum auch einige Nachteile mit sich bringt. Das heißt nicht, daß ein Englischsattel schlechter ist als ein Westernsattel – er ist nur für das Westernreiten weniger gut geeignet. Will man ernsthaft zum Westernreiten wechseln, sollte man sich deshalb auch für einen Westernsattel entscheiden.

Der Westernsattel wurde ursprünglich für stundenlanges Reiten im Gelände unter starker Beanspruchung entwickelt und ist folglich für die Zwecke des Freizeitreiters ideal geeignet.

Die Lage auf dem Pferd

Der Westernsattel gehört zur Familie der Trachtensättel, da die sogenannten *Bars* links und rechts von der Wirbelsäule das Gewicht großflächig auf dem Pferderücken verteilen. Dadurch entsteht bei einem gut passenden Sattel kein punktueller Druck, der dem Pferd Schmerzen bereiten und Druckstellen verursachen könnte. Erfahrungsgemäß leiden mit Westernsattel gerittene Pferde seltener unter Satteldruck als solche, die einen Englischsattel tragen. Natürlich kann aber auch ein Westernsattel zu Satteldruck führen, wenn er nicht richtig paßt.

Der Sattel soll gleichmäßig auf dem Pferderücken aufliegen. Die Lage kann man überprüfen, indem man die Hand flach unter den Sattel schiebt. Dabei sollte der Druck, den man durch das Sattelgewicht auf dem Handrücken zu spüren bekommt, an allen Auflagestellen annähernd gleich sein. Schwebt der Sattel an einer Stelle oder fühlt man irgendwo einen verstärkten Druck, muß man sich nach einem anderen Westernsattel umsehen, da dieser dem Pferd nicht paßt.

Damit man die Paßform exakt überprüfen kann, muß der Sattel aber auch an der richtigen Stelle auf dem Pferd liegen. Um herauszufinden, ob das der Fall ist, betrachtet man die *Fork*, also die Gabel des Sattels, auf der das Horn sitzt. Man denkt sich von ihrer Stirnseite eine Verlängerung nach unten, die in etwa eine senkrechte Linie zur Hinterseite der Vorderbeine bilden sollte. Die *Fork* darf nicht am Widerrist aufliegen, man sollte zwischen sie und den Widerrist etwa drei bis fünf Finger schieben können. Ist der Sattel zu breit, liegt die *Fork* zu dicht am Widerrist oder berührt ihn im Extremfall sogar. Ein zu schmaler Sattel engt das Pferd dagegen an der Schulter ein.

Ein Sattel wird übrigens immer ohne Unterlage anprobiert, denn nur auf dem blanken Pferderücken kann man die Paßform wirklich exakt beurteilen. Eine gut polsternde Sattelunterlage kann gegebenenfalls kleinere Mängel in der Paßform ausgleichen. Im Prinzip sollte der Sattel aber so perfekt aufliegen, daß man ihn guten Gewissens ohne Unterlage verwenden könnte und dabei keinen Satteldruck befürchten müßte. Trotzdem ist eine ausreichend dicke Sattelunterlage sehr wichtig, um dem Pferd das Tragen des Sattels (und des Reiters) so angenehm wie möglich zu machen und außerdem den Sattel vor dem Pferdeschweiß zu schützen. Unter dem Westernsattel verwendet man am

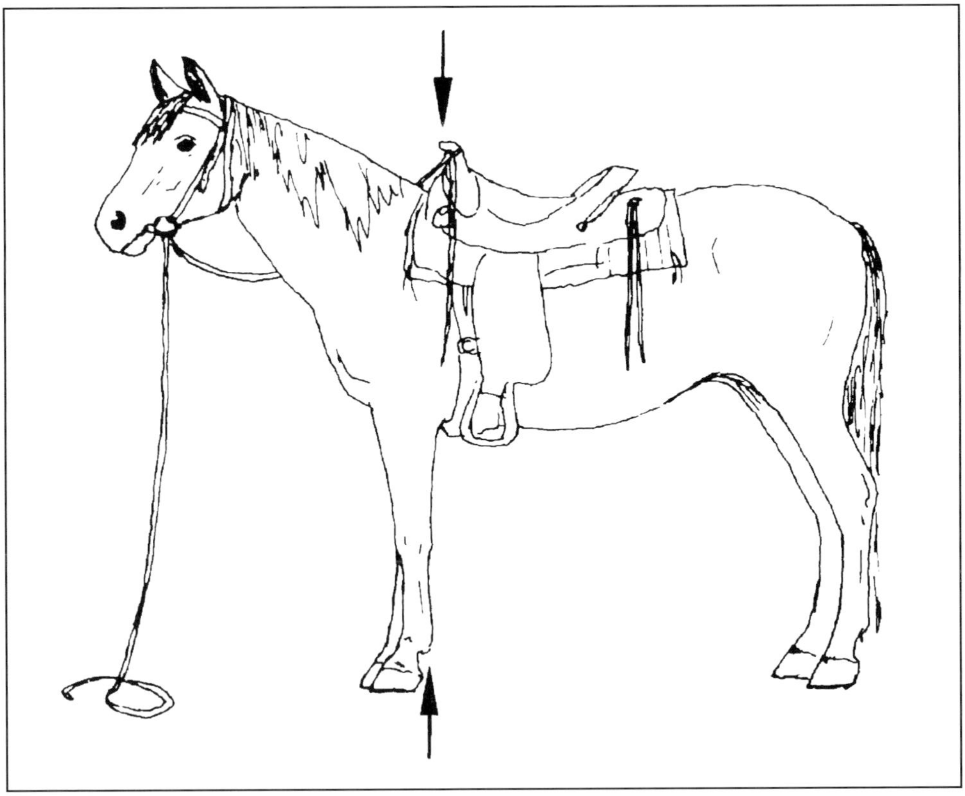

Die richtige Lage des Sattels: Die Frontseite der Fork sollte mit der hinteren Kante der Vorderbeine eine senkrechte Linie bilden.

besten ein sogenanntes Kodel-Pad aus synthetischem Material, das weich auf dem Pferderücken aufliegt.

Das Pad muß mindestens die Größe des Sattels haben, in der Regel sind die Unterlagen 70 mal 70 Zentimeter groß. Sie passen daher auf Pferde ab circa 1,40 Meter Stockmaß. Für Ponys und Pferde mit extrem kurzem Rücken muß man einen kleineren Sattel und die dazu passende Sattelunterlage wählen. Bei engen Wendungen dürfen die *Skirts* dem Pferd nicht gegen die Hüftknochen stoßen, was bei kurzrückigen Pferden durchaus der Fall sein kann. Bei solchen Pferden ist es besser, sich für einen Sattel mit abgerundeten, kurzen *Skirts* zu entscheiden.

Will man mit seinem western gerittenen Pferd auch Wanderritte unternehmen, sollte man außerdem darauf achten, daß die Satteltaschen größenmäßig zum Sattel passen, damit sie vollständig auf den *Skirts* oder zumindest auf dem Pad aufliegen. Die gesamte Wanderreitausrüstung – von den Satteltaschen bis hin zur Schlafsackrolle – darf den Pferdekörper während des Ritts nicht direkt berühren, weil es dadurch zu Scheuerstellen kommen könnte. Die Bepackung muß gut am Sattel festgezurrt sein, sie darf auch beim Galoppieren nicht schlenkern. Das ist auch dann wichtig, wenn man nur im Schritt reiten möchte – denn man muß damit rechnen, daß das Pferd einmal erschrickt und einen Satz zur Seite macht. In diesem Fall darf die Bepackung nicht verrutschen und dem Pferd womöglich noch mehr Angst einjagen.

Ein gut angepaßter Sattel gleitet auch dann nicht vom Pferderücken, wenn der Gurt nur locker befestigt ist. Selbst wenn gar nicht gegurtet ist, kann man den Sattel nur mit Mühe vom Pferderücken ziehen, wenn er „wie angegossen" sitzt.

Die Machart

Westernsättel gibt es in den verschiedensten Formen und Ausstattungen. Solange der Sattel dem Pferd paßt, kann man wählen, was einem gefällt. Mittlerweile werden auf dem Markt Sattelbäume in allen Größen angeboten, so daß man für einen Araber genauso einen passenden Westernsattel finden kann wie für einen großen Warmblüter. Bei der Auswahl unter den in Frage kommenden Sätteln spielt in der Regel die Optik eine große Rolle. Punzierungen und Silberbeschläge sind reine Geschmackssache und vornehmlich für den Turnierreiter interessant. Viele Reiter haben aber vor allem bezüglich der Farbe ganz bestimmte Vorstellungen. Der Sattel soll auch farblich zum Pferd passen, weswegen für helle Pferde oft dunkle Sättel verwendet werden und umgekehrt. Die Farbe sollte jedoch – wie bei der Auswahl des Pferdes selbst – zweitrangig sein.

Gefärbte Sättel sind meist minderwertig. Deshalb gibt es hochwertige Qualitätssättel fast nur in der hellen Naturfarbe oder „dark oiled", also mit dunklem Lederöl behandelt, das dem Sattel eine mittel- oder dunkelbraune Tönung verleiht. Verzichten sollte man auf schwarz eingefärbte Sättel – auch wenn sie noch so schön zu einem Schimmel passen –, denn sie lassen in der Regel qualitativ zu wünschen übrig. Im Laufe der Zeit geht oft die Farbe ab, und es bilden sich häßliche helle Stellen. Durch den täglichen Gebrauch und wiederholtes Ölen dunkelt übrigens jeder Sattel nach.

Normalerweise genügt es, einen guten Sattel zwei- bis dreimal im Jahr gründlich zu reinigen. Dabei werden Staub und Schmutz zunächst mit einer Bürste entfernt.

Ein Westernsattel von guter Qualität

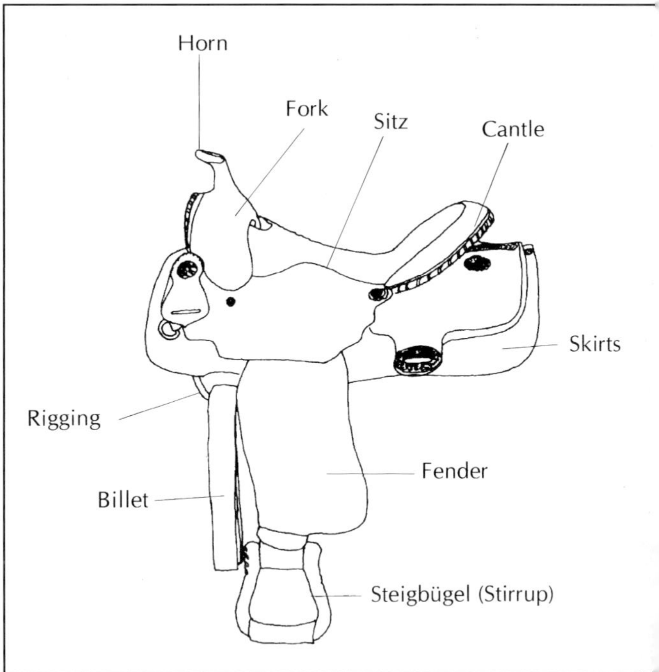

Der Westernsattel

Um den Sattel gründlich säubern zu können, muß man alle Riemen abschnallen. Man kann auch das Oberleder abschrauben, um an die unteren Lederteile heranzukommen. Nach dem Entfernen des gröbsten Schmutzes kommen Sattelseife und Wasser zum Einsatz. Sobald der Sattel bei Zimmertemperatur getrocknet ist, behandelt man ihn mit einem guten Lederöl nach. Lediglich Rauhlederteile (bei manchen Sätteln der Sitz) dürfen nur mit der Bürste gesäubert werden.

Wer sich für einen Sattel mit Punzierungen entschieden hat, wird diese beim Putzen verfluchen, denn gerade dort setzt sich der meiste Schmutz fest. Um den Staub aus den Vertiefungen zu entfernen, benutzt man am besten eine harte Zahnbürste.

Man kann sich aber nicht darauf verlassen, daß nicht eingefärbte Sättel automatisch von guter Qualität sind. Das Leder sollte dick, aber weich sein. Häufig sind die *Skirts* guter Sättel aus doppelt gelegtem, dickem Leder gefertigt und dadurch äußerst robust.

Durch seine große Auflagefläche, das dicke, robuste und damit auch schwere Leder sowie die Ausstattung mit Horn, *Fender* und *Skirts* ist der Westernsattel wesentlich größer und gewichtiger als der Englischsattel. Die Lebenserwartung eines guten Westernsattels liegt je nach Gebrauch und Behandlung bei mindestens 30 Jahren. Der relativ hohe Anschaffungspreis zahlt sich darum allemal aus.

Um das Horn wickelte der Cowboy ursprünglich das Wurfseil, mit dem die Kälber eingefangen wurden. Obwohl es diese Funktion in der heutigen Westernreiterei verloren hat, bietet das Horn dennoch praktische Vorzüge. Ein unsicherer Reiter kann sich gut daran festhalten, wenn er aus dem Gleichgewicht gerät, und man kann manchen Ausrüstungsgegenstand – von der Wasserflasche bis zum Anbindestrick – sicher und griffbereit daran befestigen. Gerade wenn man vom Englisch- zum Westernreiten wechseln will, sollte man aber einen Sattel wählen, dessen Horn nicht sehr weit nach oben ragt. Ein hohes Horn könnte den Umsteiger zumindest anfangs sehr stören, weil er nicht daran gewöhnt ist. Außerdem kann es eine tiefe Zügelführung behindern, und beim Absteigen besteht die Gefahr, daß man mit der Jacke daran hängenbleibt. Ein niedriges Horn darf aber wiederum nicht so flach sein, daß die Widerristfreiheit beeinträchtigt wird.

Das Gewicht

Obwohl viele Reiter den Westernsattel allein schon wegen seiner Bequemlichkeit sehr schätzen, schrecken sie oft vor seinem Gewicht zurück. Das hohe Gewicht ist bei einem Sattel aus gutem, dickem und doppelt vernähtem Leder aber unvermeidlich, und auch die Größe des Sattels macht sich in Kilogramm bemerkbar.

Den Löwenanteil am Gewicht hat neben dem Leder der Sattelbaum, den es in verschiedenen Formen und Materialien gibt. Die Form des Sattelbaums ist dafür ausschlaggebend, ob der Sattel dem Pferd in Art und Größe paßt. Es gibt enge Sattelbäume für Pferde mit schmaler Schulter und hohem Widerrist wie beispielsweise Araber oder andere Vollblutpferde, während extrem breit gearbeitete Bäume zum Beispiel auf die Rücken von Haflingern oder Kaltblütern passen.

Das Material des Sattelbaums entscheidet über sein Gewicht. Die klassischen Cowboysättel verfügten stets über einen Holzbaum und brachten an die 25 Kilogramm auf die Waage. Vereinzelt werden Westernsättel auch heute noch mit Holzbäumen gefertigt. Das ist vor allem bei den Roper-Sätteln der Fall, die dem ursprünglichen Cowboysattel am ähnlichsten sind und sich durch ein dickes, klobiges und wuchtiges Horn auszeichnen, das mit Leder- oder Rohhautstreifen ummantelt ist. Ein stabiles Horn war für die Cowboyarbeit wichtig, denn es mußte der Wucht eines davonstürmenden Rindes standhalten, wenn der Cowboy das Tier mit dem Wurfseil eingefangen und das Ende des Seils um das Sattelhorn geschlungen hatte. Der Roper-Sattel ist dem schweren Arbeitssattel der Cowboys nachempfunden, was sich auch in der Ausführung des Horns zeigt.

Das hohe Gewicht des Sattels war wichtig, damit das Rind den Sattel nicht so einfach vom Pferd ziehen konnte. Auch die Roper-Sättel sind deshalb mit einem Holzbaum ausgestattet und folglich ziemlich schwer.

Bei der Herstellung der neueren Westernsättel werden überwiegend Kunststoffbäume *(Ralide-Trees)* verwendet, die deutlich leichter sind. Dennoch bringt ein hochwertiger Westernsattel mindestens zehn Kilogramm auf die Waage, die meisten Qualitätssättel wiegen zwölf bis 15 Kilo. Von der Lebensdauer her kann ein Sattel mit Kunststoffbaum durchaus mit einem Holzbaum-Modell mithalten. Die meisten Sattelhersteller geben sogar eine Garantie von bis zu 30 Jahren auf den Baum.

Die Qualität eines Westernsattels kann man auch am Gewicht erkennen. Allzu leichte Sättel sind immer Billigware, von der man am besten die Finger läßt. Auch wenn die billigen Sättel nur ein Drittel von dem kosten, was man für einen Qualitätssattel hinblättern muß, rentiert sich der Kauf nicht. Oftmals haben die Billigsättel bereits nach fünf Jahren ausgedient, weil das Leder auch bei bester Pflege spröde wird und die Gurtungsriemen zu reißen drohen. Wenn man Schwachstellen

WIEVIEL GEWICHT KANN MAN DEM PFERD ZUMUTEN?

Pferde sind in der Lage, relativ schwere Lasten zu tragen. Sogar auf kleineren Ponys können Erwachsene kilometerweit reiten, ohne die Pferde zu überlasten. Fast alle Reitervölker der Vergangenheit waren mit kleinen Pferden beritten. Die meisten Ponyrassen haben eine so robuste Konstitution, daß die Größe nahezu unbedeutend ist.

Wie stark der Pferderücken belastet wird, hängt nicht so sehr vom Gewicht selbst ab, sondern vielmehr davon, wie das Gewicht einwirkt. Das heißt: Ein relativ leichter Reiter, der nicht im Gleichgewicht sitzt und die Bewegungen des Pferdes stört, belastet das Pferd stärker als ein schwererer Reiter, der ausbalanciert sitzt und in der Lage ist, mit den Bewegungen des Pferdes mitzugehen. Für die Bepackung eines Pferdes gilt entsprechend: Eine gleichmäßig verteilte Last, die gut festgezurrt ist und nicht schlenkern kann, ist trotz höherem Gewicht leichter zu tragen und belastet das Tier nicht so stark wie eine unausgewogene, locker geschnürte Bepackung.

Ein guter Reiter, der in der Balance und im Einklang mit den Bewegungen des Pferdes sitzt, reduziert also die Belastung des Pferdes. Das Gewicht des Reiters und/oder des Sattels ist darum zweitrangig. Trotzdem sollte man auch als guter Reiter darauf achten, dem Pferd unnötiges Gewicht zu ersparen und es nicht zu überlasten. Es wäre Unfug und für das Tier schädlich, einen 90 Kilogramm schweren Mann auf einem Shetlandpony reiten zu lassen. Als Faustregel kann man sich merken, daß ein Pferd etwa ein Fünftel seines Körpergewichts zusätzlich tragen kann, ohne Schaden zu nehmen. Das bedeutet, daß ein 400 Kilogramm schweres Pferd höchstens mit 80 Kilogramm beladen werden sollte. Wiegt der Sattel zwölf Kilo, sollte der Reiter selbst also nicht mehr als 68 Kilogramm auf die Waage bringen.

übersieht und die schadhaften Teile nicht rechtzeitig auswechselt, besteht eine erhebliche Gefahr für den Reiter. Billige Sättel sind nicht nur von der Qualität her unzureichend, sie werden auch überwiegend maschinell gefertigt. Es gibt also nur Einheitsbäume, deren Paßform häufig zu wünschen übrig läßt, und auch die Sitzform ist oft unbefriedigend (Näheres hierzu ab Seite 66).

Das Gewicht von zwölf bis 15 Kilogramm hat bei einem Westernsattel also durchaus seine Berechtigung. Einige Reiter machen sich jedoch darüber Gedanken, ob man es dem Pferd zumuten kann, neben dem Reiter auch noch den relativ schweren Westernsattel zu tragen. Die Belastung des Pferderückens hängt aber in erster Linie davon ab, wie gut das Gesamtgewicht verteilt ist. Wegen der großen Auflagefläche des Westernsattels entsteht kein punktueller Druck.

Ein kleines Rechenbeispiel: Die durchschnittliche Auflagefläche eines Westernsattels liegt bei circa

2.600 Quadratzentimetern. Muß das Pferd nun das Reitergewicht von 80 Kilogramm und einen etwa 14 Kilogramm schweren Westernsattel tragen, entfallen auf jeden Quadratzentimeter genau 36 Gramm. Nimmt man die Auflagefläche eines Englischsattels, die durchschnittlich 1.200 Quadratzentimeter beträgt, ergibt sich bei einem Sattelgewicht von sieben Kilo und einem 80 Kilogramm schweren Reiter ein durchschnittlicher Druck von 72,5 Gramm pro Quadratzentimeter. Die Belastung des Pferderückens pro Quadratzentimeter ist somit etwa doppelt so hoch wie bei der Verwendung eines deutlich schwereren Westernsattels. Das Gewicht an sich ist deshalb nicht entscheidend, sondern dessen Verteilung auf dem Pferderücken.

Die Sitzform

Die Sitzform hat einen maßgeblichen Anteil daran, ob der Reiter korrekt im Sattel sitzen kann. Deshalb muß man ihr bei der Anschaffung eines Westernsattels viel Aufmerksamkeit schenken. Je nach Verwendungszweck, aber auch nach Qualität eines Sattels fällt die Sitzform unterschiedlich aus.

Der bereits angesprochene Roper-Sattel hat beispielsweise einen nach vorne stark ansteigenden Sitz, der den Reiter gegen das *Cantle*, also die Rückenlehne des Sattels, drückt. Damit hat man kaum mehr die Möglichkeit, die Gewichtshilfe zum Anhalten durch Abkippen des Beckens zu geben, weil man ja bereits am *Cantle* sitzt. Außerdem wird man dazu verleitet, die Beine zu weit nach vorne zu strecken.

Auch viele qualitativ minderwertige Sättel weisen eine Sitzform auf, die den Reiter regelrecht „eingekeilt" sitzen läßt und ihm zu wenig Bewegungsspielraum für die Gewichtshilfen gibt. Dabei ist oftmals auch die Steigbügelaufhängung zu weit

---

DER REITER BESTIMMT DIE SATTELGRÖSSE

Es ist im Prinzip falsch, einen kleinen Sattel als Ponysattel zu bezeichnen, denn die Größe eines Sattels wird immer durch die Sitzfläche bestimmt. Demnach handelt es sich bei einem kleinen Sattel um einen Kindersattel. Wird zum Beispiel ein 1,50 Meter großes Pferd von einem 10jährigen Kind geritten, muß das Tier mit einem Kindersattel ausgestattet werden, der dem jungen Reiter einen sicheren Sitz auf dem Pferderücken ermöglicht.
Ein erwachsener Reiter benötigt dagegen einen größeren Sattel, in dem er genug Platz findet. Somit kann ein zum Reiter passender Sattel auf einem Kleinpferd unter Umständen etwas klobig aussehen. Doch solange der Sattel von der Paßform des Baumes und der Länge der Skirts auch dem Pferd paßt, ist nichts dagegen einzuwenden.
Normalerweise sollten Reiter und Pferd aber auch von der Körpergröße her harmonieren, so daß der Sattel optisch zu beiden paßt.

vorne angebracht, so daß der Reiter seine Beine nicht am Pferd lassen kann, sondern sie nach vorne strecken muß, um nicht aus den Bügeln zu rutschen.

Eine akzeptable Sitzform findet man bei guten Equitation- und Reining-Sätteln. Für den Umsteiger ist vorerst entscheidend, in welchem dieser Sättel er sich am wohlsten fühlt, denn die kleinen Unterschiede bei den verschiedenen Spezialformen sind nur für den Turnierreiter interessant. Grundsätzlich sitzt man im Westernsattel tiefer und damit auch sicherer als im Englischsattel. Wer die Reitweise wechselt, muß sich auf eine Umgewöhnungsphase einstellen, denn die Sitzfläche des Westernsattels wird ihm anfangs sicherlich recht ungewohnt erscheinen. Meist gewöhnt man sich aber sehr schnell an die in der Regel doch bequemere Sitzform des Westernsattels.

Die Sitzform sollte den Reiter weder einzwängen noch im Sattel herumrutschen lassen. Manche Reining-Reiter bevorzugen spezielle Cutting-Sättel, die einen sehr flachen Sitz haben und darum auch eine große Bewegungsfreiheit zulassen. Der Durchschnittsreiter wird bei dieser Sitzform allerdings schnell „ins Schwimmen" kommen, vor allem dann, wenn er noch Schwierigkeiten hat, sich auf dem Pferderücken auszubalancieren.

Dennoch muß eine gewisse Bewegungsfreiheit vorhanden sein, damit der Reiter die Möglichkeit hat, seine Gewichtshilfen effektiv einzusetzen. Man sollte ohne große Schwierigkeiten einige Zentimeter nach vorne und hinten rutschen, das Becken abkippen und wechselseitig die Gesäßknochen belasten können.

Neben der Form der Sitzfläche ist auch deren Größe von Bedeutung. Sie wird in Inch angegeben und vom rückwärtigen Teil des Horns bis zum Beginn des *Cantle* gemessen. Erwachsene Reiter benötigen normalerweise einen Sattel mit einer Sitzfläche von 15, 15 1/2 oder 16 Inch. Die Sitzfläche für jugendliche Reiter hat in der Regel 13 oder 14 Inch, und Kindersättel messen 12 1/2 Inch. Ein Inch entspricht genau 2,54 Zentimetern, man kann die amerikanische Maßeinheit darum leicht auf die gewohnten Zentimeter umrechnen:

- 12 1/2 Inch = 31,75 Zentimeter
- 13 Inch = 33,02 Zentimeter
- 14 Inch = 35,56 Zentimeter
- 15 Inch = 38,10 Zentimeter
- 15 1/2 Inch = 39,37 Zentimeter
- 16 Inch = 40,64 Zentimeter

Das Rigging

Die Gurtung des Sattels bestimmt dessen Lage auf dem Pferderücken. Viele hochwertige Westernsattel weisen in der eingearbeiteten *Rigging*-Platte zwei Gurtungsschlitze auf, so daß der Reiter drei verschiedene Möglichkeiten hat, den Sattel zu gurten. Deshalb spricht man auch von der Drei-Wege-Gurtung. Bei der ersten Variante führt man den Gurtungsriemen zweimal durch den vorderen Schlitz, womit der Sattel weiter hinten auf dem Pferderücken zu liegen kommt. Die zweite Möglichkeit besteht darin, den Riemen zweimal durch die hintere Öffnung zu ziehen, wodurch der Sattel weiter vorne positioniert wird. Und bei der dritten Version führt man den Gur-

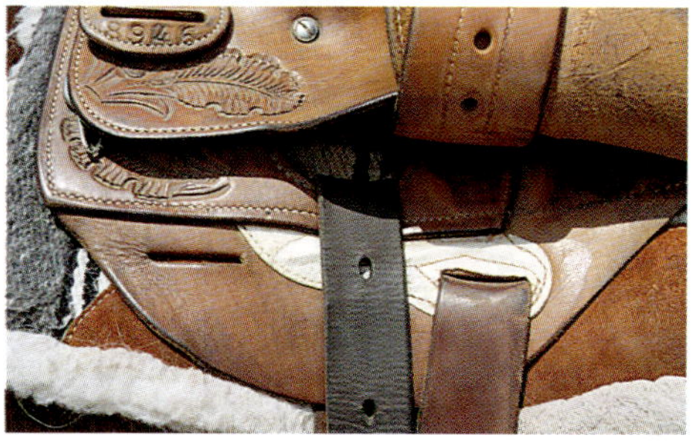

Die Gurtungsweise bestimmt die Lage des Sattels auf dem Pferderücken.

tungsriemen einmal durch den vorderen und einmal durch den hinteren Schlitz, womit man einen Kompromiß zwischen den beiden anderen Gurtungsvarianten erreicht. Normalerweise wird der Sattel in der Mittelposition gegurtet, doch je nach Exterieur des Pferdes kann eine andere Art des *Rigging* notwendig sein.

Der Sattel liegt richtig, wenn sich die Frontseite der *Fork* senkrecht über der rückwärtigen Linie der Vorderbeine befindet und dabei das Schulterblatt frei bleibt.

Die Steigbügel

Markante Unterschiede zwischen dem Englisch- und dem Westernsattel gibt es auch bei den Steigbügeln und deren Aufhängung. Beim Westernsattel sorgt ein breites Lederblatt (*Fender*) dafür, daß der Steigbügel ruhig herabhängt. Die Reiterbeine sind durch die *Fender* vor Pferdeschweiß geschützt, so daß man auf hohe Stiefel verzichten kann. Die ruhige Lage des Steigbügels ermöglicht es dem Reiter außerdem, einen verlorenen Bügel schnell wiederzufinden. Beim Englischsattel hängen die Steigbügel dagegen an relativ dünnen Lederriemen. Deshalb können die Bügel stark schlenkern, wenn man sie verliert. Für den Reiter ist es nicht leicht, einen verlorenen Bügel ohne Zuhilfenahme der Hand wieder zu erwischen, weil sich der Steigbügel auch sehr leicht verdreht. Außerdem besteht die Gefahr, daß er gegen den Pferdebauch schlägt, was für das Tier unangenehm ist und sensible Pferde sogar dazu veranlassen kann, Reißaus zu nehmen.

Die breite Trittfläche des Westernbügels sorgt für eine angenehme Lage des Fußes. Dadurch ermüdet der Reiter auch bei stundenlangen Ritten nicht so schnell. Die große Durchtrittsöffnung verhindert, daß man mit dem Fuß im Bügel hängenbleibt, wenn man zu weit hindurchgerutscht ist.

Viele Reitanfänger und Umsteiger wissen die Vorteile der Western-

Die breite Trittfläche des Steigbügels ist für den Reiter sehr angenehm.

BEQUEM, ROBUST UND SICHER

Der Westernsattel ist von Aufbau und Funktion her nicht nur auf Bequemlichkeit, sondern auch auf Sicherheit ausgelegt. Deshalb eignet er sich sehr gut für Anfänger und unsichere Reiter. Nur wer sich im Sattel sicher fühlt und keine Angst hat, ist lern- und leistungsfähig. Folglich kann ein guter Sattel zur effektiven Ausbildung des Reiters beitragen.

steigbügel zu schätzen, denn sie vermitteln dem Reiter ein Gefühl der Sicherheit, das wiederum eine entspannte Haltung und damit einen besseren Sitz zur Folge hat.

Überlegungen zu Zäumung und Gebiß

In den Sattelkammern der meisten Englischreitställe findet man erfahrungsgemäß weitgehend einheitliche Zäumungen und Gebisse. Das liegt vermutlich daran, daß die Frage nach dem richtigen Gebiß bei der traditionellen Ausbildung der Reiter oft nur unzureichend erörtert wird, so daß viele von ihnen ohne lange darüber nachzudenken auf die übliche Wassertrense in Verbindung mit einem kombinierten Reithalfter zurückgreifen. Die von solchen Gewohnheiten geprägten Reiter werden bei der Umstellung auf das Westernreiten demnach damit rechnen, die „englische" Wassertrense gegen ein Westerngebiß austauschen zu müssen.

Obwohl sich mittlerweile auch viele Englischreiter Gedanken über eine sinnvolle Zäumung machen, steht dem Westernreiter grundsätzlich eine größere Palette an Zäumungen und Gebissen zur Verfügung. Das liegt unter anderem daran, daß viele Gebiß- und Zäumungsarten nicht für eine anstehende und damit

Um das richtige Gebiß zu finden, benötigt man viel Erfahrung und Einfühlungsvermögen.

„englische" Zügelführung geeignet sind. Mit dem Umstieg auf das Westernreiten hat der Reiter bei den Zäumungsmöglichkeiten somit einen größeren Entscheidungsspielraum, so daß er besser auf die individuellen Ansprüche des Pferdes eingehen kann.

Die richtige Wahl der Zäumung

Es ist nicht gerade einfach, unter den verschiedenen Gebissen und Zäumungen die richtige Wahl zu treffen. Grundsätzlich sollte gelten, daß man sich für die Zäumung entscheidet, die dem Pferd am angenehmsten ist. Dies ist natürlich leichter gesagt als getan, denn es stellt sich die Frage, wie man herausfinden kann, welches Gebiß das Pferd am liebsten mag. Das ist keine leichte Aufgabe, man benötigt dafür schon eine Menge Erfahrung und Einfühlungsvermögen. Sicherlich wird man nicht umhinkönnen, verschiedene Gebisse und Zäumungsarten auszuprobieren und die Reaktionen des Pferdes darauf zu registrieren.

Allzu leicht fällt aber bei vielen Reitern die Wahl auf ein relativ „scharfes" Gebiß, weil sie sich davon eine effektivere Kontrolle des Pferdes versprechen. Tatsächlich reagiert das Pferd auf ein Hebelarmgebiß schneller als auf eine herkömmliche Wassertrense. Das ist nur logisch, weil das Gebiß aufgrund der Hebelwirkung bei gleichem Kraftaufwand schärfer auf das Pferdemaul einwirkt als eine „normale" Trense. Damit erhöht sich der Schmerzfaktor, und das Pferd reagiert effektiver. Die träge Reaktion des Pferdes auf die Trense ist aber nicht darauf zurückzuführen, daß es mit der Trense unzufrieden wäre, sondern darauf, daß das Pferd im Maul bereits abgestumpft ist.

Der Griff zum nächstschärferen Gebiß wird bei gleicher Handhabung durch den Reiter nur dazu führen, daß das Maul des Pferdes nach einiger Zeit auch gegen dieses Gebiß abstumpft. Somit wird der Vierbeiner nach einer Weile auf das Hebelarmgebiß genauso träge reagieren wie zuvor auf die Trense. Dies kann also nicht der richtige Weg sein, das passende Gebiß zu finden. Bevor ein Reiter entscheiden kann, für welches Gebiß sein Pferd empfänglich ist, muß er seine Hand entsprechend geschult haben, so daß er mit jedem Gebiß korrekt umzugehen vermag. Da die meisten Reiter diese Voraussetzung nicht erfüllen, ist man in der Regel auf die Unterstützung eines guten Trainers angewiesen, der den Einfluß der Reiterhand und die Empfindlichkeit des Pferdemauls objektiv einschätzen und den Reiter bei der Suche nach einem sinnvollen Gebiß unterstützen kann.

Nur ein Reiter mit gut geschulter Hand kann herausfinden, welches Gebiß dem Pferd am angenehmsten ist. In der Regel reagiert das Pferd bereitwillig auf die Zäumungen und Gebisse, die es am liebsten mag. Bei einer unangenehmen Gebißform oder einem wenig schmackhaften Material wird das Tier eher unwillig reagieren – man sagt dann, daß das Pferd das Gebiß nicht annimmt.

Besonders wichtig ist die korrekte Paßform. Die Breite des Gebißstückes muß mit der des Pferdemauls übereinstimmen, aber auch von der Dicke her sollte das Mundstück zur Maulform passen. Im Prinzip ist es zwar richtig, daß ein dickes Gebiß bei gleich starker Zügeleinwirkung milder wirkt, doch manchen Pferden sind derartige Gebisse auch unangenehm, weil sie der Maulform nicht entsprechen. In ein kleines, sensibles Arabermaul paßt eher ein dünneres Mundstück, das dem Tier angenehm im Maul liegt. Bei einem dicken Gebiß könnte das Pferd im Extremfall nicht einmal das Maul geschlossen halten. Natürlich verlangt ein sensibles Maul, das mit einem passenden, relativ dünnen Gebiß ausgestattet worden ist, auch eine besonders weiche und einfühlsame Hand. Ein Vierbeiner mit einem klobigen Kopf und einem großen Maul kann dagegen ein dickeres und schwereres Gebiß vertragen. Ein solches Pferd wäre mit einem dünnen Mundstück weniger zufrieden.

mundstücke, die bereits angerostet sind. Viele Westernreiter schwören auf rostende Gebisse. Allerdings sollte man bei solchen Mundstücken besonders darauf achten, daß sie keine scharfkantigen Stellen aufweisen, an denen sich das Pferd verletzen könnte. Deshalb ist man gut beraten, das Mundstück vor jedem Gebrauch mit den Fingern nach scharfen Kanten und Ecken abzutasten.

Sehr häufig finden auch Edelstahlgebisse Verwendung, die kaum verschleißen und wegen ihrer glatten Oberfläche sehr angenehm im Pferdemaul liegen. Zudem sind sie auch optisch ansprechend, weil sie so schön glänzen. Manchen Pferden sind aber weichere Materialien lieber. In solchen Fällen sollte der Reiter auf ein Gummi- oder Kunststoffgebiß ausweichen. Gummige-

SCHULUNG DER REITERHAND HAT OBERSTE PRIORITÄT

Ein gut ausgebildetes Pferd sollte mit jedem Gebiß und jeder Zäumung zufriedenstellend geritten werden können. Die Voraussetzung dafür ist aber eine entsprechend geschulte Hand, die dafür sorgt, daß das Pferdemaul nicht abstumpft, sondern stets adäquat auf die Zügelhilfen reagiert. Eine weiche Hand und ein sensibles Pferdemaul können über jedes Gebiß und jede Zäumung fein kommunizieren, so daß die Wahl der Zäumung im Prinzip nebensächlich wird. Die Zäumung dient schließlich nur noch dazu, das Pferd dabei zu unterstutzen, die Zügelhilfen möglichst schnell und korrekt umzusetzen. Deshalb muß die Schulung der Reiterhand stets im Vordergrund stehen, die Effektivität einer Zäumung ist zweitrangig.

Auch das Material des Gebisses sollte man einer genaueren Betrachtung unterziehen. Manche Pferde mögen Gebisse mit einer Kupfereinlage, die ihnen gut schmeckt und außerdem den Speichelfluß anregt. Den gleichen Effekt haben Eisen-

bisse sollten aber immer mit einem Metallkern ausgestattet sein, weil die Pferde sie ansonsten durchbeißen könnten. Bei Pferden, die Gebisse grundsätzlich schlecht einspeicheln, ist Gummi nicht das geeignete Material, weil er im trocke-

Die Maulwinkel sind leicht eingeschäumt: Das Gebiß ist genügend eingespeichelt.

nen Zustand wie ein Radiergummi wirkt und das Pferd im Maul aufreiben könnte.

Manche Tiere sind mit einem Gebiß aus Kunststoff am zufriedensten. Dabei haben sich die sogenannten Nathe-Gebisse bewährt, die anatomisch geformt sind und im Pferdemaul recht gut gleiten.

Um die geeignete Zäumung finden zu können, muß man zunächst die Wirkungsweisen der verschiedenen Gebisse und Zäumungen kennen. Außerdem spielt der Ausbildungsstand von Reiter und Pferd bei der Wahl der Zäumung eine wichtige Rolle.

Ein Gebiß kann auf die Zunge, die Lefzen, die Laden und den Gaumen wirken. Über eine Kette oder einen Riemen wird häufig auch noch das Kinn angesprochen. Zudem gibt es Verständigungspunkte an Genick, Nase, Jochbein und Hals, die aber auch mit einer gebißlosen Zäumung erreicht werden können. Je nach Ausführung der Zäumung oder des Gebisses und je nach Einsatz der Zügel wird an diesen Punkten mehr oder weniger starker Druck ausgeübt. Auf diese Weise gibt der Reiter dem Pferd bestimmte Signale, auf die es reagiert. Wie stark der jeweilige Druck sein muß, damit man die gewünschte Reaktion erzielt, hängt von der Sensibilität des Pferdes ab. Der Reiter sollte jedoch – wie bei jeder Hilfengebung – bemüht sein, mit so wenig Druck wie möglich auszukommen und die Druckstärke im Laufe der Ausbildung zu minimalisieren.

Bei jeder Zäumung sind die Druckpunkte anders gelagert, sogar bei gleichartigen Gebissen können die Haupteinwirkungspunkte je nach Ausführung, Form und Handhabung unterschiedlich sein. Der

KOMMUNIKATION STATT ZWANG

Zu den maßgeblichen Grundgedanken des Westernreitens gehört die lockere Zügelführung, bei der das Pferd im Maul nicht angetastet wird. Der Kontakt zum Pferdemaul wird nur dann aufgenommen, wenn man dem Tier ein Signal übermitteln, also mit ihm kommunizieren will. Das Pferd sollte über die Zäumung aber niemals zu einer Reaktion oder in eine bestimmte Haltung gezwungen werden! Dies wäre eindeutig ein Mißbrauch der Zäumung – mit Folgen wie Abstumpfung des Pferdemauls, Vertrauensverlust und widerwilligen Reaktionen des Pferdes.

KAUEN UND SPEICHELN

Aus dem Englischreitunterricht ist den meisten Umsteigern bekannt, daß das Abkauen und Einspeicheln des Gebisses erwünscht ist. Häufig wird argumentiert, ungenügendes Einspeicheln deute darauf hin, daß das Gebiß dem Pferd unangenehm sei. Um beurteilen zu können, ob das Pferd ein Gebiß tatsächlich nicht mag, genügt es aber nicht, nur auf das Einspeicheln zu achten. Man sollte zunächst wissen, warum ein Pferd das Gebiß überhaupt einspeicheln soll.

Wenn ein Pferd kaut, produziert es automatisch Speichel, der das Maul feucht hält. Damit liegt das Gebiß weicher und geschmeidiger im Maul. Der Speichelfluß hat aber noch einen anderen positiven Effekt. Der Speichel wird in der hinter dem Ohr liegenden Ohrspeicheldrüse produziert, die außerhalb des Ganaschenknochens am Pferdekopf entlang und unter dem Jochbein ins Maul führt. Deshalb wird beim Kauen auch das Genick geschmeidig, so daß das Pferd besser beigezäumt werden kann.

Die Pferde sollen aber nur so stark kauen, daß der Speichelfluß angeregt wird. Übermäßiges Kauen, bei dem das Maul geöffnet wird, ist genauso unerwünscht wie das Festbeißen auf dem Gebiß. Häufig deuten diese Erscheinungen auf Nervosität, Verspannung oder Unzufriedenheit hin. Dem Westernreiter ist es am liebsten, wenn das Pferd nicht sichtbar kaut und das Mundstück dennoch gut einspeichelt. Das Pferd muß dabei ums Maul herum nicht weiß vor Schaum sein. Das Gebiß ist genügend eingespeichelt, wenn es sich seitlich leicht aus dem Maul herausziehen läßt, ein nasser Film über dem Mundstück liegt und die Lefzen feucht sind.

Reiter muß also herausfinden, an welchen Punkten sein Pferd am bereitwilligsten auf den Druck reagiert. Das darf allerdings nicht dazu führen, daß man bereits abgestumpfte Einwirkungspunkte durch neue, noch sensible ersetzt, was man durch einen Gebißwechsel durchaus erreichen kann. Vielmehr soll jedes Pferd so geritten werden, daß es möglichst überhaupt nicht abstumpft. Die Hilfengebung über das Gebiß ist immer als Kommunikation zu verstehen, also als eine Art Frage- und Antwortspiel, nicht aber als Zwangsmittel, um bestimmte Reaktionen zu erreichen.

Trensengebisse

Am häufigsten kommen die einfach gebrochenen Trensengebisse zum Einsatz, die sowohl im englischen Schulunterricht als auch in der Freizeitreiterszene üblich sind. Die Wassertrense hat sich als Universalgebiß in der Reiterei durchgesetzt – unabhängig von der Reitweise. Sie ist darum auch in der Westernreiterei gebräuchlich.

Das Trensengebiß ermöglicht die direkte Übertragung der Zügeleinwirkungen auf das Pferdemaul. Somit kann man mit diesem Gebiß eine sehr feine Steuerung erzielen, wenn man in der Lage ist, die Zügel mit ruhiger und sensibler Hand zu führen. Mit dem einfach gebrochenen Trensengebiß, das am häufigsten verwendet wird, ist durch das gebrochene Mittelstück auch ein einseitiger Zügelimpuls möglich. Die Trense wirkt in erster Linie auf die Laden, bei beidseitiger Zügeleinwirkung kann sie jedoch auch gegen den Gaumen drücken.

Den für das Pferd sehr unangenehmen Druck gegen den Gaumen kann man mit einer doppelt gebrochenen Trense verhindern oder zumindest stark abschwächen. Die doppelt gebrochene Trense ist deshalb milder als die einfach gebrochene. Leider findet sie aber viel zu selten Verwendung, obwohl die meisten Pferde sie sehr gerne annehmen.

Daneben gibt es ungebrochene Trensengebisse, bei denen das Mundstück aus einer geraden oder leicht nach oben geschwungenen Stange besteht. Bei der zweiten Variante ist die Zungenfreiheit größer, der Druck wird von der Zunge genommen, dafür aber stärker auf die Laden übertragen. Die völlig gerade Trense liegt hauptsächlich auf der Zunge auf und macht damit das Übermitteln von präzisen, einseitigen Zügelhilfen schwierig. Zudem verleitet die gerade, ungebrochene Trense das Pferd dazu, die Zunge übers Gebiß zu legen. Die ungebrochenen Trensengebisse werden aufgrund dieser Eigenschaften nur relativ selten verwendet.

Da die einfach gebrochenen Trensen am häufigsten im Gebrauch sind, sollen sie hier etwas näher beleuchtet werden. Es gibt sie in den unterschiedlichsten Formen, Materialien und Größen, wobei dem Westernreiter besonders viele Variationen zur Verfügung stehen. Für junge Pferde werden gerne relativ dünne Trensen mit besonders großen Ringen verwendet. Die meisten Vertreter der Westernpferderassen haben einen feinen Kopf mit einem kleinen, sensiblen Maul, zu dem ein dünnes Mundstück besser paßt. Die großen Trensenringe sollen das Durchziehen des Gebisses durch das Maul verhindern. Das Pferd soll die Möglichkeit haben, sich durch Öffnen des Mauls vor einer harten Zügeleinwirkung zu schützen. Darum reitet der Westernreiter in der Regel auch ohne Reithalfter.

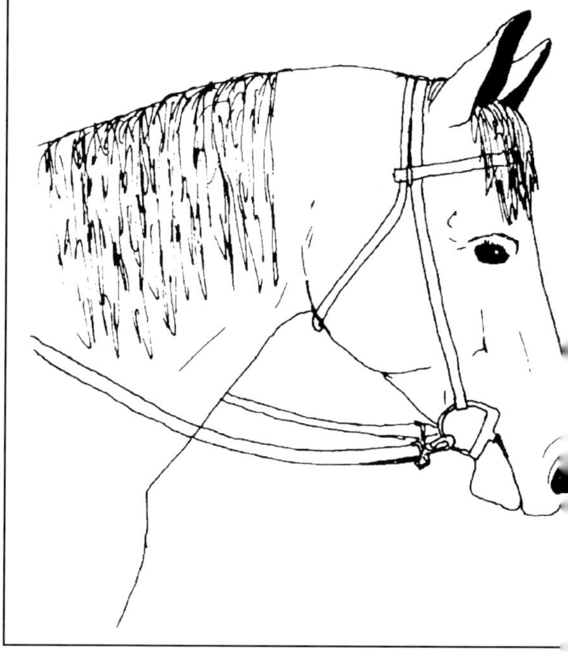

Mit der Trense können Signale sehr fein auf das Pferdemaul übertragen werden. Sie ist deshalb ein empfehlenswertes Gebiß.

Während die meisten Englischreiter zur Standardtrense greifen, geben sich viele Westernreiter mehr Mühe, bei der Auswahl des Trensengebisses sowohl den individuellen Ansprüchen des Pferdes als auch den eigenen Wünschen gerecht zu werden. Dabei hat man die Wahl zwischen verschiedenen Trensengebissen, die sich nur in Details voneinander unterscheiden, wobei aber genau diese scheinbaren Kleinigkeiten entscheidenden Einfluß auf die Reaktionen des Pferdes haben können.

Schon bei den Materialien hat man eine große Auswahl. Rostende Eisenmundstücke, solche mit Kupfereinlagen oder Edelstahlgebisse sind dabei nur die gebräuchlichsten. Auch was Dicke und Form des Mundstücks angeht, hat man die Qual der Wahl. In unterschiedlichen Ausführungen gibt es auch die Trensenringe: D-Ring-Trensen liegen beispielsweise stabiler im Maul als solche mit beweglichen Ringen und verhindern, daß die Lefzen des Pferdes eingezwängt werden. Außerdem beugen sie einem Durchziehen der Trense durchs Pferdemaul besser vor.

Die Trense ist ein sehr brauchbares Instrument, doch sie ist beileibe nicht so mild, wie immer wieder behauptet wird. Das Trensengebiß bietet die Möglichkeit, sich über die direkte Zügeleinwirkung äußerst fein mit dem Pferd zu verständigen – sofern man gelernt hat, die Trense richtig zu handhaben. Auch für junge Pferde sind die Signale, die über die Trense im Pferdemaul ankommen, recht leicht verständlich. Somit ist das Trensengebiß – einfach oder doppelt gebrochen – ein wichtiges Ausrüstungsteil. Im Prinzip müßte jeder Reiter allein mit einer gut passenden Trense, die dem Pferd angenehm ist, auskommen können.

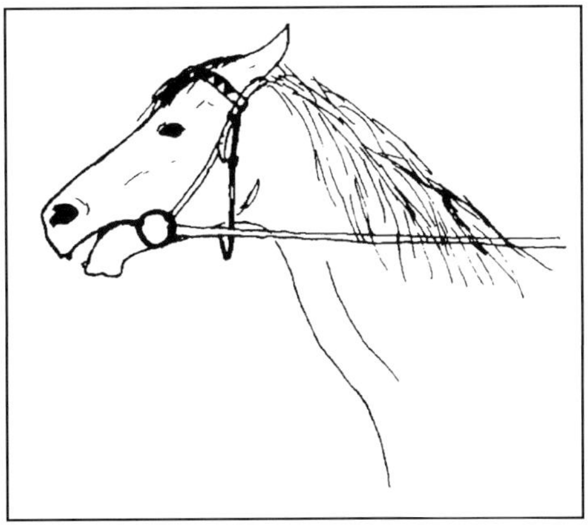

Das Pferd soll die Möglichkeit haben, sich durch Öffnen des Mauls vor hartem Zügeleinsatz zu schützen. Deshalb ist es ratsam, auf das Reithalfter zu verzichten.

Obwohl die Pferde auf Westernturnieren ab einem Alter von fünf Jahren mit einer Stangenzäumung (einhändig) vorgestellt werden müssen, bestreitet auch der Western-

DER RICHTIGE DRAHT ZUM PFERD

Ein gut ausgebildetes Pferd läßt sich mit jeder Art von Zäumung oder Gebiß zufriedenstellend reiten. Um das Pferdemaul frisch zu halten und um Abwechslung in den Trainingsalltag zu bringen, kann man aber durchaus von Zeit zu Zeit einen Gebiß- oder Zäumungswechsel vornehmen. Dabei muß man allerdings darauf achten, daß das Pferd durch die unterschiedlichen Wirkungsweisen nicht verwirrt wird.

Verschiedene Trensengebisse aus Leder, Gummi, Edelstahl, Kunststoff sowie mit Kupfermittelstück.

reiter das Training überwiegend mit der einfach gebrochenen Wassertrense. Freizeit-Westernreiter benutzen die Trense ebenfalls, obwohl sie gerne auch mit anderen milden Gebißvarianten und gebißlosen Zäumungen experimentieren.

Hebelarmgebisse

Obwohl nicht nur beim Englisch-, sondern auch beim Westernreiter das Trensengebiß im Alltag vorherrscht, denkt man meist an Hebelarmgebisse, wenn von Westernzäumungen die Rede ist. Es ist zwar richtig, daß die Ausbildung darauf abzielt, das Westernpferd später einhändig auf Stange reiten zu können. Dennoch ist das Stangengebiß keineswegs die Standardzäumung des Westernpferdes. Dies mag vielleicht zu Zeiten der Cowboys noch so gewesen sein, die eine möglichst effektive Zäumung benötigten, weil bei ihrer harten Arbeit ein ungehorsames Pferd schwere Verletzungen oder gar den Tod von Reiter und/oder Pferd nach sich ziehen konnte. Außerdem war es nicht rentabel, viel Zeit in eine sanfte Ausbildung des Pferdes zu investieren, so daß man bei der Wahl der Ausbildungsmethoden nicht gerade zimperlich war.

Die Zeiten haben sich geändert. Das Westernreiten hat sich mittlerweile von einer Gebrauchs- zu einer Freizeitreitweise gewandelt, die auf einer sanften Ausbildung basiert. Dennoch sind die Hebelarmgebisse nicht aus der Mode gekommen, und sie haben auch ihre Existenzberechtigung, weil der Reiter mit ihnen verschiedene sinnvolle Einwirkungsmöglichkeiten hat. Es

Das Stangengebiß ist keineswegs die Standardzäumung des Westernpferdes, doch auf Turnieren ist diese Zäumung in den meisten Klassen vorgeschrieben.

ist daher falsch, die Hebelarmgebisse grundsätzlich zu verteufeln, weil sie allgemein als besonders „scharf" gelten. Ein Gebiß ist immer nur so scharf wie die Hand des Reiters.

Hebelarmgebisse können aufgrund der Kraftübersetzung einen immensen Druck auf das Pferdemaul, das Kinn und das Genick ausüben und haben deshalb in der Hand eines schlechten oder auch durchschnittlichen Reiters nichts zu suchen. Für einen wirklich guten Reiter kann ein solches Gebiß aber ein unschätzbares Hilfsmittel sein, da man über diese Zäumung äußerst fein mit dem Pferd kommunizieren kann.

In der englischen Reitweise sind an Hebelarmgebissen im Prinzip nur die blanke Kandare und die Kandare mit Unterlegtrense üblich. Bei letzterer hält der Reiter zwei Zügelpaare in der Hand, eines für die Trense und eines für die Kandare. Bei der blanken Kandare fällt die Unterlegtrense weg. Das Reiten auf Kandare kommt aber nur für Reiter in Frage, die eine sehr weiche und ein fühlsame Hand haben. Denn besonders bei ständigem Maulkontakt, wie er in der Englischreitweise üblich ist, ist es sehr schwierig, über ein Hebelarmgebiß eine feine Verbindung zum Pferdemaul aufrechtzuerhalten.

In der Westernreiterei hat sich fürs Training ein Gebiß durchgesetzt, das die Eigenschaften der Wassertrense und der Stange (*Bit*) in sich vereint. Dieses sogenannte *Snaffle with shanks* oder *Shank-snaffle* ist ein einfach gebrochenes Gebiß mit Hebelarmanzügen. Dieses Gebiß eignet sich gut für die beidhändige Zügelführung, weil das gebrochene

Empfehlenswert sind Mundstücksenden, die in Hülsenform gearbeitet sind wie bei diesem Snaffle with shanks.

Mundstück eine einseitige Zügeleinwirkung zuläßt. Dennoch wirkt die Zäumung wegen der Hebelwirkung wie eine ungebrochene Stangenzäumung auch auf Kinn und Genick. Das *Shank-snaffle* gehört allerdings nur in die Hände erfahrener Westernreiter.

Das gleiche gilt für ungebrochene Gebisse mit Hebelarmanzügen, deren Mundstücke meist mit einer Zungenfreiheit ausgestattet sind. Es können auch Rollen, Löffel oder Spieler eingearbeitet sein, die oftmals aus Kupfer bestehen. Welche Gebißvariation dem Pferd am angenehmsten ist, muß man durch Probieren herausfinden. In der Regel kann man aber zuvor schon eine Tendenz erkennen, wenn man die Reaktionen des Pferdes auf die Trense beobachtet. Man kann dabei bereits herausfinden, wie dick und aus welchem Material das Mundstück sein soll. Mag das Pferd beispielsweise Kupfereinlagen, oder liebt es rostende Gebisse? Wer solche Feinheiten aufmerksam registriert, kann gezielter nach dem passenden Gebiß suchen.

Bei den Mundstücken sollte man immer darauf achten, daß sie keine scharfen Kanten aufweisen, die das Pferd im Maul verletzen könnten. Gerade im Mundwinkelbereich ist eine gute Verarbeitung besonders wichtig. Empfehlenswert sind Gebißstücke, deren Enden in Hülsenform gearbeitet sind, wie es bei vielen *Shank-snaffle*-Modellen der Fall ist. Auch bei *Snaffle-bits* mit D-Ringen sind die Mundwinkel gut geschützt.

Stangengebisse finden normalerweise nur auf dem Turnier Verwendung. Sie eignen sich nicht für den täglichen Gebrauch oder fürs Training. Da das ungebrochene Mundstück eine exakte einseitige Zügeleinwirkung fast unmöglich macht, kommt die Stange nur für die einhändige Zügelführung und somit für ein vollständig ausgebildetes Westernpferd in Frage.

Gebißlose Zäumungen

Viele Reiter meinen, gebißlose Zäumungen seien besonders mild. Diese Ansicht muß jedoch relativiert werden, weil auch hier gilt, daß die Zäumung immer nur so sanft ist wie die Hand des Reiters. Gebißlose Zäumungen üben zwar keinerlei Druck auf das Maul des Pferdes aus, aber sie wirken auf andere empfindliche Partien am Kopf wie den Nasenrücken, die Kinngrube und das Genick ein.

Die in der Westernreiterei gebräuchlichste gebißlose Zäumung ist die klassische Bosal-Hackamore. Sie besteht aus dem Bosal, einem aus Rohhaut geflochtenen Nasenteil, und der Mecate, einem Haarseil. Das Bosal muß vor Gebrauch der Form des Pferdekopfes angepaßt werden, damit es nirgendwo scheu-

ZWANGSMITTEL NEIN – NOTBREMSE JA!

Jede Zäumung muß als Kommunikationsmittel verstanden werden und sollte nicht als Zwangsmittel dienen – mit einer Ausnahme: Wenn für Pferd und Reiter eine akute Gefahr besteht, ist es gestattet oder sogar notwendig, über das Gebiß Zwang auszuüben. Ein in Panik davonstürmendes Pferd kann – wenn überhaupt – nur noch mit Gewalt gestoppt werden. Dies ist beispielsweise dann notwendig, wenn die Gefahr besteht, daß das Pferd auf eine stark befahrene Straße läuft.

Im Notfall gilt also: lieber ein schmerzhafter Ruck im Maul als ein schrecklicher Unfall auf der Straße. Auch bei der Wahl der Zäumung muß man diesen Aspekt berücksichtigen und gerade im Gelände eine Zäumung verwenden, die einem im Extremfall eine Notbremsung ermöglicht. Allerdings dürfen solche eingebauten „Sicherheitsvorkehrungen" niemals ohne Not als Zwangsmittel mißbraucht werden.

ert und exakt wirken kann. Er verläuft über den Nasenrücken und endet unter dem Kinn des Pferdes in einem Knoten. Um die unter dem Kinn zusammenlaufenden Schenkel wird die Mecate geknotet, die meist aus Pferde- und Rinderhaaren besteht. Bei reinen Pferdehaar-Mecates unterscheidet man Mähnen- und Schweifhaarseile. Die Stricke aus Mähnenhaar sind sehr weich, während Schweifhaar-Mecates steifer und stacheliger sind. Auf die Schweifhaar-Mecate reagieren die meisten Pferde besonders gut, wenn der Zügel am Pferdehals angelegt wird. Damit läßt sich das sogenannte *Neck reining* – das Weichen des Pferdes auf Zügeldruck am Hals – besonders gut trainieren.

Ein direkter Zügelzug auf einer Seite bewirkt, daß das Bosal auf der gegenüberliegenden Kinnseite Druck ausübt. Die Zügeleinwirkung wird also in einen Druck umgewandelt, dem das Pferd ausweicht. Beim beidseitigen Annehmen der Zügel hebt sich der Knoten unter dem Kinn des Pferdes, die Bosal-Schenkel werden zusammengedrückt und üben einen beidseitigen Druck auf den Kopf des Pferdes aus. Zudem wird ein Druck auf dem Nasenrücken erzeugt.

Bosals und Mecates gibt es in unterschiedlichen Größen. Die Dicke des Bosals sollte mit dem Durchmesser der Mecate identisch sein. Bei der Bosalstärke sollte man sich nach der Kopfgröße des Pferdes richten. Zierliche Pferdeköpfe zäumt man mit einem feineren Bosal (zum Beispiel 5/8 Inch), klobige Pferdeköpfe vertragen ein stärkeres Nasenteil (etwa 3/4 Inch). Man paßt das Bosal dem Pferdekopf an, indem man die Mecate entsprechend oft um die Bosalschenkel windet.

Beim Kauf eines Bosals sollte man sich für ein Modell mit Rohlederseele entscheiden. Nur solche Bosals lassen sich gut und dauerhaft verformen und damit dem Pferdekopf exakt anpassen. Die gute Qualität eines Bosals kann man auch an der feinen Flechtung erkennen.

Obwohl die mechanische Hackamore in der Sattelkammer des Westernreiters eigentlich nichts verloren hat, soll sie kurz vorgestellt werden, um Verwechslungen mit der klassischen Hackamore auszuschließen. Die mechanische Hackamore wirkt über Hebelarmanzüge auf Kinn, Nase und Genick des Pferdes ein. Durch die sehr langen Anzüge kann die mechanische Hackamore äußerst scharf wirken, fein abgestimmte Zügelhilfen sind mit dieser Zäumung kaum möglich. Darum eignet sie sich auch nicht als Ausbildungszäumung, sondern kann eigentlich nur als Notbremse dienen. Diese Zäumung kann man beispielsweise auf Wanderritten verwenden oder wenn man das Pferdemaul nicht antasten will, aber im Bedarfsfall auf eine wirkungsvolle Bremse angewiesen ist. Für die Umstellung des Pferdes vom Englischreiten auf die Westernreitweise ist diese Zäumung völlig unbrauchbar, weil man keinen Punkt am Pferdekopf ganz gezielt ansprechen kann.

Dagegen wird eine andere gebißlose Zäumung als praktisches Ausbildungsinstrument immer beliebter: das *Side pull.* Wie der Name schon sagt, hat bei dieser Zäumungsart der seitliche Zügelimpuls eine große Bedeutung. Deshalb ist das *Side pull* eine hervorragende Ausbildungszäumung vornehmlich für junge Pferde, die am Anfang ihrer Ausbildung stehen. Es ist aber auch für trensensaure Pferde während der Umstellung zum Westernpferd sehr empfehlenswert.

Das *Side pull* besteht aus einem steifen Nasenteil (meist aus Rohhaut) und einem Leder-Kinnriemen. Auf beiden Seiten sind Ringe angebracht, in die die Zügel eingeschnallt werden. Wird nur ein Zügel angenommen, so wirkt das *Side pull* auf die seitlichen Teile des Kopfes und auf die Nase. Bei beidseitigem Annehmen des Zügels wird nur Druck auf die Nase ausgeübt. Weil das Nasenteil sehr hart ist, hat der Zügelimpuls eine durchschlagende Wirkung.

Nach einer mehrwöchigen Ausbildung mit dem *Side pull* sind junge Pferde sehr gut auf die Weiterbildung mit dem Trensengebiß vorbereitet. Auch für Umstellungspferde eignet sich die Zäumung besonders gut, und außerdem unterstützt sie den Reiter dabei, die Zügel „loszulassen".

Die Zügel

Wenn man der englischen Reitweise den Rücken kehren will, ist es durchaus möglich, daß man dies spätestens beim Tausch der gewohnten Englischzügel gegen die Westernzügel bereut. In der Westernreiterei haben sich die sogenannten offenen Zügel durchgesetzt, die nicht miteinander verbunden sind und somit vom Pferdehals rutschen können, wenn man nicht aufpaßt. Außerdem ist die Zügelhaltung der offenen Westernzügel (siehe auch

Die Gehorsamsübung Ground tying ist nur mit Split reins gefahrlos möglich.

Bei locker über dem Widerrist gekreuzten Zügeln sollten die Enden ungefähr bis zum Karpalgelenk hinabreichen.

Seite 146) zunächst gewöhnungsbedürftig. Hat man sich aber erst einmal an die andersartige Handhabung gewöhnt, wird man sehr schnell die Vorteile der Westernzügel zu schätzen wissen.

Wie bei vielen anderen Ausrüstungsgegenständen der Westernreiterei hat man auch bei den Zügeln eine große Auswahl. So gibt es neben den offenen auch geschlossene Zügel (*Romal reins*), die miteinander verbunden sind und in einer peitschenähnlichen Verlängerung auslaufen. Diese Verlängerung kann man als Gertenersatz verwenden. Die *Romal reins* sind jedoch aufgrund ihrer Ausführung nur für die einhändige Zügelführung geeignet und deshalb für das Umstellungs-Training unbrauchbar.

Es kommen daher nur die offenen Zügel (*Split reins*) in Frage, die sich auch allgemein durchgesetzt haben. Meistens werden Zügel aus Leder verwendet, man bekommt aber auch Nylonzügel. Lederzügel haben sich besser bewährt, weil sie aufgrund ihres höheren Gewichts bei der üblichen losen Zügelführung in den schnelleren Gangarten nicht so stark schlenkern. Aus diesem Grund greifen viele Westernreiter gerne zu doppelt genähten Zügeln, die etwa 15 Millimeter breit sind. Es gibt auch breitere Zügel, die aber schon etwas unhandlich sind. Dünnere Modelle sind in der Regel zu leicht und liegen ebenfalls nicht so gut in der Hand. Mit 15 Millimeter breiten, doppelt gelegten Lederzügeln ist man bestens bedient.

Der Vorteil der *Split reins* liegt vor allem darin, daß man die Zügel beispielsweise beim Führen nicht über den Pferdekopf streifen muß, was gerade bei kopfscheuen oder auch sehr großen Pferden problematisch sein kann. Die offenen Zügel zieht man einfach seitlich herunter. Außerdem ist die Gehorsamsübung *Ground tying* mit geschlossenen Zügeln nicht möglich. Beim *Ground tying* soll das unangebundene Pferd bei herabhängendem Zügel ruhig stehenbleiben. Ein hängender Zügel ist in der geschlossenen Ausführung aber viel zu gefährlich, weil das Pferd in die Schlinge treten und sich dabei schwere Verletzungen zuziehen könnte. In der Praxis wird beim *Ground tying* ein Zügel um das Sattelhorn geschlungen, um insbesondere bei noch lernenden Pferden zu verhindern, daß sie den Kopf zum Fressen nach unten nehmen. Das ist unerwünscht, weil ein grasendes Pferd nicht mehr aufmerksam wäre und schnell kleine Schritte nach vorne machen würde. Der andere – in der Regel linke – Zügel hängt zum Boden herab. Dies signalisiert dem Pferd, daß es an Ort und Stelle stehenbleiben soll.

Die Länge der Zügel hängt von der Größe des Pferdes und von seiner Halslänge ab. Wenn man die Zügel locker über dem Widerrist kreuzt, sollten die Enden auf der jeweils gegenüberliegenden Seite ungefähr bis zum Karpalgelenk hinunterreichen. Zu kurze Zügel rutschen leicht über den Widerrist herab, während sich zu lange Zügel um die Beine des Pferdes wickeln können. Wenn die Zügelenden bis auf den Boden hinabreichen, besteht außerdem die Gefahr, daß das Pferd darauftritt und sich dabei im Maul verletzt.

Die Hilfszügel

Ob man für oder gegen die Verwendung von Hilfszügeln ist, hängt im Prinzip nicht von der Reitweise ab, sondern von der grundsätzlichen Einstellung. Auffallend ist, daß in vielen Englischreitställen ziemlich häufig Hilfszügel eingesetzt werden, während die meisten Freizeit-Westernreiter doch versuchen, möglichst ohne auszukommen. Dennoch greift auch so mancher Westerntrainer schnell zum Hilfszügel, wenn er effektiver arbeiten und bestimmte Ausbildungsziele schneller erreichen will. Hier soll es aber in erster Linie um den Einsatz von Hilfszügeln durch den Freizeitreiter gehen, der nicht unter einem solchen Zeitdruck steht wie ein Profitrainer, von dem möglichst schnell effektive Ergebnisse erwartet werden.

Jeder gute Reiter kann ohne Hilfszügel auskommen. Da diese Konstruktionen meist auch eine zwingende Wirkung haben, sollte man grundsätzlich versuchen, auf sie zu verzichten. Denn das Westernreiten sollte ja darauf ausgerichtet sein, das Pferd zur aktiven Mitarbeit zu animieren und nicht zu zwingen. Jeder Zwang hat früher oder später eine geistige Abstumpfung zur Folge, die einer willigen und aktiven Mitarbeit entgegenwirkt. Entscheidet man sich dennoch für den Einsatz von Hilfszügeln, sollte man das nur aus gutem Grund tun. Wichtig ist, daß man den Sinn und die Wirkungsweise von Hilfszügeln versteht, um sie nicht unwissentlich zu mißbrauchen.

SINN UND ZWECK VON HILFSZÜGELN

In erster Linie sollen Hilfszügel dem Pferd helfen, die Signale des Reiters besser zu verstehen. Dabei darf der Reiter jedoch nicht versuchen, durch diese Hilfsmittel sein eigenes Unvermögen auszugleichen oder sie als Erleichterung für sich selbst einzusetzen. Das wäre ein Mißbrauch, weil er dabei die zwingende Wirkung der Hilfszügel einsetzen würde, um seine Vorstellungen zu realisieren.

Wenn man sich auf die zwingende Wirkung der Hilfszügel verläßt beziehungsweise diese bewußt ausnutzt, begibt man sich als Reiter in eine gewisse Abhängigkeit, denn irgendwann kommt man ohne Hilfszügel nicht mehr aus. Statt dessen sollte man stets darauf hinarbeiten, bei der Kommunikation mit dem Pferd möglichst wenig Leder und Technik einzusetzen.

Um dem Pferd bestimmte Hilfen verständlicher zu machen, kann die Verwendung von Hilfszügeln über einen kurzen Zeitraum nützlich sein. Man wird nach einem kurzzeitigen Gebrauch aber nur dann wieder auf die Hilfszügel verzichten können, wenn man sie nicht als Zwangsinstrument mißbraucht hat, sondern wenn sie ihren Zweck erfüllt und das Pferd dabei unterstützt haben, bestimmte Hilfen zu begreifen.

Das Martingal

Das gleitende Martingal ist ein relativ harmloser Hilfszügel, weil es – richtig verschnallt – nur bei einem Fehlverhalten des Pferdes zum Einsatz kommt. Es zwingt den Pferdekopf nicht in eine bestimmte Haltung wie beispielsweise Ausbinde- oder Stoßzügel, sondern bleibt wirkungslos, solange das Pferd nicht versucht, sich der Zügeleinwirkung zu entziehen.

Das Martingal wird am Sattelgurt eingeschnallt und verläuft zwischen den Vorderbeinen des Pferdes hindurch. Auf Brusthöhe teilt sich der Riemen in zwei Lederstränge, an deren Enden sich jeweils ein Ring befindet. Durch diese Ringe werden die Zügel gezogen. Die Ringe können an den Zügeln vor- und zurückgleiten und halten die Zügel auf einer bestimmten Höhe. Das Martingal ist richtig verschnallt, wenn es die Zügellinie bei leicht anstehenden Zügeln nicht „bricht". Nimmt das Pferd nun den Kopf hoch – meist ist die Ursache eine unangenehme Zügeleinwirkung, der es sich entziehen will –, folgt der Zügel der Kopfbewegung nicht, sondern bleibt durch die Martingalringe fixiert. Somit wirken die Zügel weiterhin über das Gebiß auf die Laden des Pferdemauls ein. Ohne Martingal würde nur Druck auf die weniger empfindlichen Maulwinkel ausgeübt. Somit könnte sich das Pferd durch Hochnehmen des Kopfes dem Zügel entziehen.

Wenn ein Pferd dem Zügel ausweichen will, handelt es sich allerdings sehr häufig um eine Schutzmaßnahme. Die Reiterhand fügt dem Pferd Schmerzen zu, und es sucht nach einem Ausweg. An einer hohen Kopfhaltung des Pferdes ist also fast immer der Reiter schuld.

Das Martingal kommt nur bei einem Fehlverhalten des Pferdes zum Einsatz. Dem Westernreiter kann dieser Hilfszügel bei einer breiteren Zügelführung auch hinderlich sein.

Im Prinzip ist der Einsatz des Martingals nicht notwendig, solange es zwischen Reiterhand und Pferdemaul keine Verständigungsschwierigkeiten gibt. Man muß sich darüber im klaren sein, daß man mit dem Martingal keine Probleme lösen, sondern nur die Auswirkungen abmildern kann. Bei verdorbenen Pferden, die sich gegen jede reiterliche Einwirkung wehren, kann die Verwendung eines Martingals sinnvoll sein. Der Hilfszügel erspart es einem aber nicht, solche Pferde mit viel Geduld wieder dahin zu bringen, daß sie Vertrauen zur Reiter-

TIP

Bevor man zu einem Hilfszügel greift, sollte man sich immer erst bewußt machen, weshalb man eine solche Zusatzausrüstung für notwendig erachtet. Meist liegt die Ursache für das unerwünschte Verhalten des Pferdes nämlich in der Unfähigkeit des Reiters. Deshalb sollte man sich immer bemühen, zuerst die eigenen Fehler zu korrigieren, denn das Pferd ist lediglich das Spiegelbild des Reiters. Das Verhalten des Pferdes ist immer das Ergebnis reiterlicher Einwirkung!

hand finden. Es genügt nicht, die Einwirkungsmöglichkeit durch das Martingal aufrechtzuerhalten – das wäre dem Pferd gegenüber nicht fair.

Für viele Englischreiter ist der Einsatz des Martingals obligatorisch, es gehört bei ihnen genauso zur Standardausrüstung wie der Sattel. Bei solide gerittenen Pferden und guten Reitern ist das Martingal allerdings überflüssig, und schlechte Reiter oder verdorbene Pferde sind mit einer fundierten Ausbildung besser beraten als mit Hilfszügeln. Das Martingal kann bestenfalls über einen bestimmten Zeitraum unterstützend eingesetzt werden. Beim Westernreiten kann es aber auch hinderlich sein, weil es dem Reiter eine breite Zügelführung unmöglich macht, die aber bei der Ausbildung des Pferdes oftmals sehr hilfreich sein kann.

Die Ausbinder

Es gibt verschiedene Möglichkeiten, Ausbindezügel einzusetzen. Im Grunde sollen sie den Kopf des Pferdes jedoch in einer bestimmten Position fixieren. Dem Pferd wird – extrem formuliert – die Nase in Richtung Brust gebunden, damit es die Oberhalsmuskulatur aufbaut und außerdem lernt, im Genick nachzugeben. Dabei soll es den Rücken aufwölben, so daß die Rückenmuskulatur gestärkt wird und der Reiter weicher sitzen kann. Im konventionellen Anfängerunterricht werden die Pferde meist grundsätzlich ausgebunden, um die Einwirkungsmöglichkeiten der Reiter auf das Pferdemaul einzuschränken, aber auch, damit die Pferde den Rücken „hergeben". Dabei werden die Hilfszügel jedoch mißbraucht, weil sie auf diese Weise nicht dem Pferd, sondern dem Reiter als Unterstützung dienen. Das Pferd leidet unter dem Einsatz der Ausbinder, weil es in eine Haltung gezwungen wird, die es unter den gegebenen Voraussetzungen von sich aus gar nicht einnehmen würde.

In der Freizeitreiterei werden Ausbinder vornehmlich beim Longieren eingesetzt. Da das Pferd unter dem Westernsattel in seiner natürlichen Selbsthaltung gehen soll, in der die Oberlinie des Pferdes mit dem Hals eine waagrechte Linie bildet, ist eine stark aufgerichtete Versammlungshaltung nicht wünschenswert. Aus diesem Grund verzichten viele Westernreiter auf die „klassische" Ausbindemethode. Dennoch soll auch das Westernpferd lernen, im Genick willig nachzugeben. Nur so kann es im fortgeschrittenen Stadium die Versammlung erreichen, die notwendig ist, damit es den Reiter tragen kann, ohne gesundheitlich Schaden zu nehmen.

Das Ausbinden nach der konventionellen Methode birgt aber die große Gefahr in sich, daß sich die Pferde aufs Gebiß legen und bei lockerer Zügelführung möglicherweise sogar auf die Vorhand fallen. Deshalb fixiert der Westernreiter den Pferdekopf beim Ausbinden weniger stark und gibt dem Pferd etwas mehr Spielraum. Dazu bindet man das Tier häufig nur auf einer Seite aus, damit es lernt, auf dieser Seite dem Zügel nachzugeben. Beim Ausbinden auf vertikaler Ebene werden die Hilfszügel nicht starr fixiert. Die bevorzugte Methode besteht darin, daß man die Zügel zwischen den Vorderbeinen hindurch und auf beiden Seiten des Pferdes zum Rücken hochführt. Dort werden die Zügel miteinander verknotet. Damit sind sie nicht fest fixiert, der Knoten kann sich verschieben. Wenn es sich bewegt, erhält das Pferd nun mit den Zügeln wechselseitig einen Impuls im Maul. So wird ein alternierendes Annehmen und Nachgeben erreicht – das Pferd kann sich nicht mehr auf den Zügel legen oder dagegen angehen, sondern muß dem Druck ausweichen. Auch bei dieser Variante handelt es sich im Prinzip um eine aufgezwungene Haltung, allerdings hat diese Methode eine effektivere Wirkung und kann dem Pferd den richtigen Weg aufzeigen.

Diese – wie jede andere – Ausbindemethode darf man stets nur über einen kurzen Zeitraum anwenden, denn man muß sich immer darum bemühen, das Pferd zur selbständigen Mitarbeit und zum Einnehmen der richtigen Haltung zu animieren, statt es in eine bestimmte Haltung oder ein Reaktionsmuster zu zwingen.

Das Tie down

Obwohl das *Tie down* von Freizeit-Westernreitern kaum verwendet wird, soll es hier kurz angesprochen werden, weil es sich um ein typisches Westernausrüstungsteil handelt. Diesen speziellen Ausbinde-

Das Tie down verhindert, daß das Pferd seinen Kopf zu hoch nehmen kann.

FLEXIBEL AUSGEBUNDEN

Werden die Split reins zwischen den Vorderbeinen hindurchgeführt und am Rücken zusammengeknotet, animiert man das Pferd beim Longieren dazu, mit dem Kopf den Weg in die Tiefe zu suchen. Das Pferd kann sich bei dieser Methode sehr gut strecken und entspannen. Bei der klassischen Ausbindeart ist dies nicht möglich.

zügel führt man vom Sattelgurt aus zwischen den Vorderbeinen des Pferdes hindurch und hakt ihn in ein dünnes Stahlbosal ein, das um die Nase herum verläuft. Dadurch wird dem Pferd das Hochnehmen des Kopfes verwehrt. Das meist aus einem Stahlkabel bestehende Bosal wirkt äußerst scharf auf den Nasenrücken – das Pferd wird folglich nicht sehr oft versuchen, den Kopf hochzunehmen.

Manche Profitrainer verwenden das *Tie down* in bestimmten Ausbildungsabschnitten, doch der Einsatz im täglichen Training ist umstritten. In Prüfungen ist das *Tie down* lediglich bei den Renndisziplinen Barrel Race und Pole Bending gestattet, damit die Reiter „aufgeheizte" Pferde unter Kontrolle halten können. Beim Umstellungs-Training sollte man die Finger davon lassen, da es sich um einen Hilfszügel handelt, der das Pferd in eine bestimmte Haltung zwingt.

Zusatzausrüstungen

Leider ist die Verwendung bestimmter, vollkommen überflüssiger Ausrüstungsgegenstände weit verbreitet. Für viele Reiter gehören sie aber einfach dazu, sie machen sich keine Gedanken darüber, welche Wirkung derartige Ausrüstungsteile haben. Solange sie das Pferd nicht stören, kann man nichts dagegen sagen – manche Reiter finden zusätzliches Lederzeug eben einfach schick. Doch solche sinnlosen Zusatzausrüstungen können das Pferd auch behindern, Scheuerstellen verursachen oder ihm einfach nur lästig sein. Deshalb sollte man sich sehr genaue Gedanken darüber machen, welchen Sinn und welche Wirkungsweise solche Gegenstände haben, und Überflüssiges besser weglassen. Man muß sich immer vor Augen halten, daß die gesamte Ausrüstung in erster Linie zur besseren Verständigung dienen soll. Je weniger man davon benötigt, desto besser funktioniert die Kommunikation. Das bedeutet auch, daß die Beziehung zwischen Mensch und Pferd um so besser ist, je weniger man auf Zusatzausrüstungen angewiesen ist.

Trotzdem gibt es Ausrüstungsteile, die sinnvoll sein können und nichts mit einer guten oder schlechten Verständigung zu tun haben. So kann beispielsweise ein Vorderzeug benötigt werden, wenn der Sattel aufgrund der Rückenform des Pferdes nach hinten rutscht.

Das Reithalfter

Ein typisches Beispiel für einen Ausrüstungsgegenstand, der häufig ge-

dankenlos verwendet wird, ist das Reithalfter. Man kann keinen englischen Reitzaum kaufen, bei dem das Reithalfter nicht gleich mitgeliefert wird. Für die meisten Englischreiter gehört es einfach zur Zäumung, wobei viele nicht einmal wissen, welchem Zweck ein Reithalfter eigentlich dient.

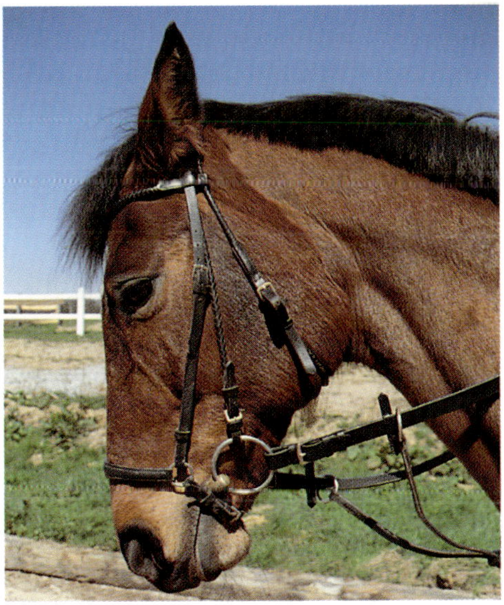

Auffallend ist aber auch, daß die meisten Westernreiter auf ein Reithalfter verzichten. So unentbehrlich kann es also nicht sein, wenn eine ganze Reitersparte ohne diese Zusatzausrüstung auskommen kann. Mit dem Reithalfter ist es ähnlich wie mit dem Martingal: Es kommt nur dann zum Einsatz, wenn das Pferd eine unerwünschte Reaktion zeigt, ansonsten bleibt es wirkungslos.

Das Pferd kann eine Zügeleinwirkung abmildern oder ihr sogar

Die gebräuchlichsten Reithalfter, von oben nach unten: Englisches Reithalfter, Kombiniertes Reithalfter, Hannoversches Reithalfter

ganz entgehen, indem es das Maul öffnet. Zieht der Reiter also zu stark am Zügel, wird das Pferd sein Maul aufsperren, um die damit verbundenen Schmerzen auf ein erträgliches Maß zu reduzieren. Ein aufgerissenes Maul erschwert aber weitere Zügeleinwirkungen und ist außerdem alles andere als ein schöner Anblick, zumal dem Betrachter damit unmißverständlich klar wird, daß das Pferd Schmerzen hat. Somit greift man zum Reithalfter und bindet dem Pferd damit buchstäblich das Maul zu. Die Verwendung des Reithalfters begründen die meisten Reiter damit, das Pferd solle lernen, das Maul geschlossen zu halten. Auf diese Aussage hin muß aber die Frage erlaubt sein, ob denn die Pferde von Natur aus mit offenen Mäulern herumlaufen ... Selbstverständlich wird jeder einräumen müssen, daß freilaufende Pferde ihre Mäuler nur aus gutem Grund öffnen, und genauso ist es auch unter dem Sattel. Somit ist der Reiter mit seiner harten Hand als Verursacher des aufgerissenen Pferdemauls überführt! Es ist also unfair und falsch, zu sagen, man müsse den Pferden beibringen, das Maul geschlossen zu halten. Statt dessen müssen endlich die harten Reiterhände geschult werden, damit die Herumreißerei in den Pferdemäulern aufhört.

Das Reiten ohne Reithalfter ist der erste Schritt auf dem Weg zu einer weichen, einfühlsamen Hand, denn ohne diese Zusatzausrüstung ist es offensichtlich, ob der Reiter den Zügel zu hart handhabt oder nicht. Wenn das Pferd sein Maul öffnet, ist dies für den Reiter ein Zeichen, daß er mit der Hand zu grob war. Diese Kontrollmöglichkeit hat er beim Einsatz eines Reithalfters nicht, und sein Geziehe wird somit niemals ein Ende haben. Schon allein die Tatsache, daß ein offenes Pferdemaul beim Betrachter Unbehagen auslöst, läßt den Reiter vorsichtiger mit den Zügeln umgehen, weil er sich keine Blöße geben will.

Durch Verwendung eines Reithalfters kann man also sehr schön eine harte Hand vertuschen, weil das Pferd keine Möglichkeit hat, sich der Zügeleinwirkung zu entziehen. Den meisten Reitern ist es nicht einmal bewußt, daß die Pferde unter ihren groben Händen leiden müssen, weil die Vierbeiner sich aufgrund des Reithalfters nicht auf ihre Weise äußern können.

Jedem Reiter passiert es einmal – und während seiner Ausbildung sicherlich häufiger –, daß er unbeabsichtigt zu stark am Zügel zieht. Dann sollte das Pferd wenigstens die Möglichkeit haben, die harte Einwirkung abzumildern, indem es das Maul öffnet. Ein fairer Reiter wird seinem Pferd die Chance geben, sich vor derartigen Attacken zu schützen – seien sie aus Absicht, Unvermögen oder Versehen entstanden.

Dennoch kann das Reithalfter dem Westerntrainer nützlich sein, wenn er ein zu korrigierendes Pferd arbeitet, das gelernt hat, bei jeder Gelegenheit vorbeugend das Maul zu öffnen, weil es vor einer harten Zügeleinwirkung Angst hat. Durch das Reithalfter kann das Pferd sein Maul nicht mehr öffnen, und es wird begreifen, daß ihm auch bei geschlossenem Maul nichts mehr weh tut.

Häufig entscheiden sich die Reiter aber für den Einsatz des Reithalfters, um ihre Pferde besser kontrollieren zu können. Im Hintergrund steht dabei die Angst des Reiters, daß er die Kontrolle über sein Pferd verlieren könnte. Dies zeugt von reiterlichem Unvermögen, weshalb in diesem Fall noch viele Übungsstunden auf dem umzäunten Reitplatz auf dem Programm stehen müssen. Angst beim Reiten bedeutet, daß der Reiter nicht in der Lage ist, mit seinem Pferd zu kommunizieren. Allein die Verständigung bewirkt bereits eine Kontrolle über das Pferd, weil sich der Vierbeiner aufgrund seiner natürlichen Verhaltensweisen (soziales Gefüge innerhalb der Herde) gerne unterordnet, solange er sich unter der Regie des Reiters sicher und geborgen fühlt. Ist im Extremfall eine Notbremse erforderlich, so reicht die Einwirkung über das Gebiß auch ohne Reithalfter aus, denn man kann einem einigermaßen sensiblen Pferd damit selbst bei geöffnetem Maul erhebliche Schmerzen zufügen.

Bei der Ausbildung und beim Training, insbesondere auch beim Umstellungs-Training, sollte man auf das Reithalfter verzichten. So mancher Umsteiger wird sicherlich eine depressive Phase durchmachen, sobald er durch den Verzicht auf das Reithalfter erkannt hat, wieviel Unbehagen er seinem Pferd in der Vergangenheit zugefügt hat – nur daß die Abwehr des Tieres aufgrund des eingeschnallten „üblichen" Reithalfters bislang nicht sichtbar geworden ist.

Für ein gut eingespieltes Pferd-Reiter-Paar ist ein Reithalfter überflüssig, weil das Pferd keinen Grund hat, sich einer einfühlsamen Zügeleinwirkung entziehen zu wollen.

Wenn man dennoch eine solche Zusatzausrüstung benutzen möchte, sollte man sich wenigstens für das Englische Reithalfter entscheiden. Beim Kombinierten Reithalfter kann der untere Riemen, der um das Pferdemaul verschnallt wird, die Maulwinkel einklemmen. Das Hannoversche Reithalfter kann die Atmung des Pferdes behindern und ebenfalls an den Maulwinkeln zwicken.

HARTER ZÜGELEINSATZ – OFFEN ODER VERTUSCHT?

Auf Westernreitturnieren ist die Verwendung von Reithalftern verboten. So passiert es relativ häufig, daß man in den Prüfungen Pferde mit geöffneten Mäulern sieht, die sich beispielsweise beim Sliding stop oder einem anderen rasanten Manöver den heftigen Zügeleinwirkungen übermotivierter Reiter zu entziehen versuchen. Dies sieht für den Zuschauer brutal aus, und viele Laien verurteilen deshalb das Westernreiten.

Daß es einem Pferd, das bei hartem Zügeleinsatz durch Öffnen des Mauls den ärgsten Schmerzen entgehen kann, immer noch besser geht als einem Vierbeiner, der den gleichen Zügelzug wegen eines Reithalfters mit geschlossenem Maul ertragen muß, wird nach außen hin nicht sichtbar! Natürlich muß es das Ziel jedes Reiters sein, seinem Pferd erst gar keine Schmerzen im Maul zuzufügen – aber wenn ihm das doch einmal passiert, ist der Vierbeiner ohne Reithalfter besser dran.

Beim western gezäumten Pferd verzichtet man in der Regel auf ein Reithalfter.

Das Vorderzeug

Die vielfältige und je nach persönlichem Geschmack kombinierbare Ausstaffierung von Pferd und Reiter animiert viele Westernreiter, Ausrüstungsgegenstände zu verwenden, die sie im Prinzip nicht bräuchten. So ist es häufig mit dem Vorderzeug. Wenn der Sattel gut paßt, benötigt man normalerweise kein Vorderzeug. Bei Showvorführungen oder auf Turnieren kann man ein schön verziertes Vorderzeug aber durchaus verwenden, um den optischen Eindruck des Pferd-Reiter-Paares positiv zu beeinflussen.

Jeder Ausrüstungsgegenstand, der direkt mit dem Pferd in Berührung kommt, kann jedoch auch Scheuerstellen verursachen. Gerade im Schulterbereich besteht die Gefahr, daß sich das Pferd aufscheuert. Durch die Bewegungen der Vorderbeine kann das Vorderzeug nicht ruhig liegen, sondern schiebt sich einmal nach oben, einmal nach unten sowie nach vorne und hinten. Scheuerstellen entstehen vor allem dann, wenn das Vorderzeug nicht genügend abgepolstert ist und man eine billige Variante aus starrem Leder gewählt hat. Möchte man zur Fixierung des Sattels oder aus optischen Gründen ein Vorderzeug verwenden, muß es also zumindest gut abgepolstert sein und/oder aus weichem, geschmeidigem Leder bestehen.

Bei Pferden mit hohem Widerrist kann der Sattel die Tendenz haben, zu weit nach hinten zu gleiten, so daß ein Vorderzeug notwendig wird. Auch bei schlecht passenden Sätteln, die sogar bei fester Gurtung leicht rutschen, kann ein Vorderzeug hilfreich sein – wobei man sich in diesem Fall schnellstmöglich nach einem exakt sitzenden Sattel umsehen sollte. Ein Vorderzeug leistet auch gute Dienste, wenn man häufig durch recht hügeliges Gelände reitet, denn beim Bergaufreiten kann selbst ein gut passender Sattel nach hinten rutschen. Außerdem kann man durch die Verwendung eines Vorderzeugs eventuell eine extrem feste Gurtung vermeiden, was gerade bei gurtdruckempfindlichen Pferden von Vorteil ist.

Als reiner Freizeitreiter sollte man nur dann ein Vorderzeug verwenden, wenn dessen Einsatz wirklich sinnvoll und notwendig ist. Ansonsten ist es besser, auf zusätzliche Ausrüstungsteile zu verzichten, die das Pferd möglicherweise in seinen Bewegungen stören oder sogar Scheuerstellen verursachen können.

Die Hobbels

Um es gleich vorwegzunehmen: Die Hobbels werden an dieser Stelle erwähnt, um vor deren Gebrauch zu warnen. Es besteht immer die Gefahr, daß man die für eine Reitweise typischen Ausrüstungsteile gedankenlos einsetzt, weil man glaubt, sich so besser mit diesem Reitstil identifizieren zu können. Vor allem Umsteiger sind hiervon oft betroffen, weil sie meist auch „nach außen hin" deutlich machen wollen, daß sie sich für die andere Art des Reitens entschieden haben.

Manche Pferde kann man mit den traditionell zur Westernreiterei gehörenden Hobbels sicherlich gut „parken", doch schon aufgrund der landschaftlichen Begebenheiten ist diese Möglichkeit, das Weglaufen des Pferdes zu verhindern, für Reiter im deutschsprachigen Raum völlig ungeeignet. In den weiten Prärien Nordamerikas mag die Vorderbeinfessel ausgereicht haben, um das Tier in der Nähe zu behalten, doch ein Pferd kann mit Hobbels sehr wohl kilometerweit laufen, wenn es dies erst einmal gelernt hat. Hierzulande ist die nächste stark befahrene Straße mit Sicherheit nicht weit entfernt, und außerdem kann man nicht jedes Pferd mit Erfolg an die Beinfessel gewöhnen.

Die Verwendung von Hobbels kann gefährlich sein und kommt für den Freizeit-Westernreiter nicht in Frage.

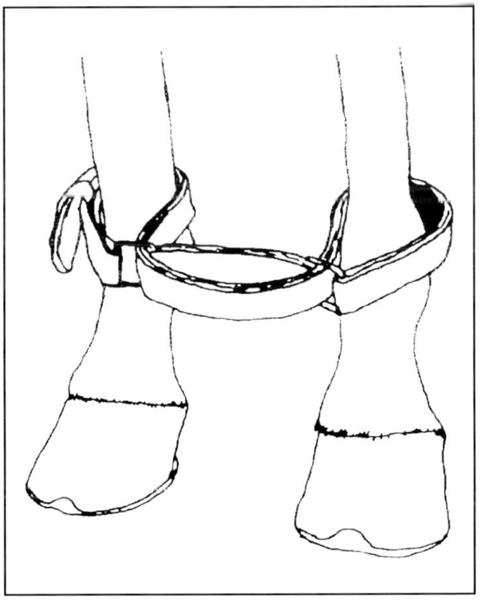

Manche Westernreiter machen ihre Pferde nicht mit Hobbels vertraut, um sie am Weglaufen zu hindern, sondern um ihnen das ruhige Stehen beizubringen. Zumindest praktizieren einige professionelle Westerntrainer diese Methode. Doch das Hobbeltraining ist sehr gefährlich, weil die Tiere bei der Gewöhnung an die Beinfessel in Panik geraten, sich aufbäumen und dabei auch hinfallen können. Diese Trainingsmethode ist mit der Philosophie der modernen Westernreiterei nicht vereinbar, weil das Pferd im Laufe des Gewöhnungstrainings Angst haben wird. Gerade hochblütige Pferde können dadurch sehr schnell verdorben werden, weil sie nicht in der Lage sind, diesen Streß nervlich zu verkraften.

Bei der Ausbildung und Umschulung des Pferdes kann man sehr gut ohne das Hobbel-Training auskommen, und auch das ruhige Stehenbleiben kann man den Pferden auf andere, sanftere Weise mindestens genausogut vermitteln. Die Hobbels sind ein Beispiel dafür, daß man nicht alles, was eine Reitweise anbietet, auch annehmen muß. Jeder Reiter sollte aus einer Reitweise, einer Methode oder von einem Trainer nur die Dinge übernehmen, die er für sich als richtig erkennt und die er erfolgreich anwenden und umsetzen kann.

statt sich um die Sensibilisierung des Pferdes gegenüber den Schenkelhilfen zu bemühen. Diese Vorgehensweise kann man durchaus mit dem Umstieg auf ein schärferes Gebiß vergleichen, wenn das Pferd gegenüber einer milderen Zäumung abgestumpft ist.

ANGST HEMMT DIE LERNFÄHIGKEIT

Jede Zusatzausrüstung, die man eigentlich nur verwendet, um sich den Umgang mit dem Pferd zu erleichtern, sollte man nach Möglichkeit weglassen. Helfen solche Gegenstände dagegen dem Pferd, bestimmte Hilfen zu verstehen, ist ihr Einsatz sinnvoll. Völlig inakzeptabel ist der Gebrauch von Gerte, Sporen oder Hilfszügeln, wenn man dem Pferd damit Angst einflößt und auf diese Weise eine Reaktion erreicht. Ein solches Vorgehen ist dem Pferd gegenüber äußerst unfair und läßt sich nicht mit der Philosophie der modernen Westernreiterei vereinbaren. Ein ängstliches Pferd ist außerdem nicht lernfähig, weil es sich nicht auf das Wesentliche konzentrieren kann.

Die Hobbels sollte man als ein Relikt aus der Vergangenheit ansehen, aus einer Zeit, in der es den Leuten nicht möglich war, den Pferden die notwendigen Lernschritte mit viel Geduld anzuerziehen. Heutzutage stehen uns bessere Ausbildungsmethoden zur Verfügung, weil wir gerade als Freizeitreiter unter keinem Zeit- oder Leistungsdruck stehen und uns folglich der Ausbildung unserer Pferde mit viel Geduld und Liebe widmen können.

Die Sporen

Auch die Sporen sind ein „heißes Eisen", denn sie werden sehr häufig aus Unwissenheit oder Bequemlichkeit mißbraucht. Sporen setzt man – wie auch Hilfszügel – ein, um die Verständigung zwischen Reiter und Pferd zu unterstützen und zu verdeutlichen. Mit den Sporen kann der Reiter seinen Hilfen mehr Nachdruck verleihen. Diese Einsatzform ist leider die übliche. Viele Reiter greifen auf dieses Mittel zurück,

Sinnvoll eingesetzt, unterstützen die Sporen den Reiter dabei, die Hilfengebung zu minimalisieren, statt sie zu verstärken. Die korrekte Verwendung von Sporen setzt deshalb ein hohes reiterliches Können voraus, über das der Hobbyreiter in der Regel nur selten verfügt. Darum sollte man lieber auf die Sporen verzichten und sich um eine solide Ausbildung kümmern, so daß man im Sattel jederzeit ohne Sporen auskommt.

Aufgrund des eingearbeiteten Zackenrädchens erscheinen Westernsporen auf den ersten Blick besonders scharf, doch dies ist nicht der Fall. Die Zacken der Rädersporen sind nicht spitz und können am Pferdekörper sehr gut abrollen. Die in der englischen Reitweise verwendeten Sporen wirken in der Regel um einiges schärfer, weil der Dorn starr angebracht ist und dem Pferd empfindlich weh tun kann.

Wenn man Sporen einsetzen möchte, muß man sehr gut damit umgehen können. Es ist unverantwortlich, einen Anfänger mit Sporen auszustatten, weil der Reiter noch nicht einmal in der Lage ist, seine Beine ruhig zu halten und die Hilfen richtig zu dosieren. Normalerweise müßten alle Reiter – vor allem aber Hobbyreiter – jederzeit ohne Sporen auskommen können. Es gibt zwar Pferde, die sich äußerst unwillig vorwärtsreiten lassen und bei einem „normalen" Schenkeldruck keinerlei Reaktion zeigen, doch auch in diesem Fall sollte man sich überlegen, weshalb das Pferd so träge reagiert. Es zahlt sich sicherlich aus, wenn man im Laufe des Umstellungs-Trainings versucht, das Pferd zu einer selbständigen Mitarbeit zu motivieren, statt es mit immer stärkerem Sporeneinsatz zum Vorwärtsgehen zu zwingen.

Gerte und Peitsche

Auch für den Einsatz von Peitsche und Gerte gilt: Sobald diese Instrumente zur Verstärkung der Hilfen eingesetzt werden, sollte man sich fragen, ob man auf dem richtigen Ausbildungsweg ist oder sich womöglich in eine Sackgasse verrennt.

Gerte und Peitsche dürfen niemals als Strafmittel mißbraucht werden, sondern haben nur ihre Berechtigung, wenn sie als verlängerter Arm des Ausbilders eingesetzt werden. Da Pferde sehr stark auf Körpersignale reagieren, sind Peitsche und Gerte besonders bei der Bodenarbeit hilfreich. Vom Sattel aus kann eine Gerte zwar ebenfalls unterstützend eingesetzt werden, doch es müßte jedem Reiter möglich sein, auch ohne dieses Hilfsmittel auszukommen.

Ist die Verstärkung einer Hilfe notwendig, was bei vorsätzlicher Widersetzlichkeit der Fall sein kann, und ist dies nicht mehr über die Schenkel zu bewerkstelligen, so ist ein einziger Schlag mit der Gerte erlaubt. Das ist eines der extremsten Strafmittel, zu dem man nur im äußersten Notfall greifen darf! Bei mehrmaligem Schlagen mit der Gerte handelt es sich um einen inakzeptablen Mißbrauch.

In der Regel reichen ein verstärkter Schenkeldruck oder die laute Stimme aus, um das Pferd zur Ordnung zu rufen. Muß man tatsächlich einmal härtere Maßnahmen ergreifen, kann man auch die Zügelenden auf die Pferdekruppe klatschen lassen.

Das Westernpferd

Im Prinzip eignet sich jedes Pferd fürs Westernreiten, die Rasse spielt nur eine untergeordnete Rolle. Viel wichtiger als die Größe und der Körperbau sind die inneren Werte, denn sie machen ein gutes Westernpferd aus.

Unter einem Westernpferd stellen sich viele Laien immer noch ein buntgeschecktes, kleines, wildes Pferd vor, wie man es aus Western- und Indianerfilmen kennt. Der ambitionierte Reiter weiß allerdings, daß ein Westernpferd nicht unbedingt klein und schon gar nicht wild und gescheckt sein muß. Mittlerweile hat es sich in der Pferdeszene längst herumgesprochen, daß ein gutes Pferd „keine Farbe" hat. Das heißt im Klartext, daß die Farbe für die Leistungsfähigkeit und Eignung eines Pferdes vollkommen unbedeutend ist.

Auf einem anderen Blatt steht, daß gerade gescheckte und gefleckte Pferde vor allem bei den Indianern sehr beliebt waren. Deshalb züchteten sie vorzugsweise farbige Pferde, die auch heute noch einen starken Einfluß auf die Westernpferdezucht haben.

Die gescheckten Quarter Horses wurden zur eigenständigen Rasse der Paint Horses zusammengefaßt, und auch die Appaloosas, deren Zucht die Nez-Percé-Indianer aufgebaut haben, sind für ihre Fleckenmuster bekannt.

Dennoch wurden die farbigen Pferde mittlerweile sehr stark vom Markt verdrängt, weil der Schwerpunkt in der Pferdezucht auf der Leistungsfähigkeit liegt – was mit Sicherheit nicht heißen soll, daß gescheckte Pferde nicht die gleichen Leistungen erbringen könnten. Doch die Farbzucht ist gewissen Modeströmungen unterworfen, die sich oft so schnell ändern, daß die Zucht kaum mehr nachkommen kann. Einfarbige Pferde sind dagegen „zeitlos" und deshalb immer attraktiv.

Die Eignung

Für jede Sparte des Reitsports müssen die Pferde ganze spezielle Voraussetzungen erfüllen, um den Anforderungen der jeweiligen Disziplin gerecht werden zu können. Ein Springpferd ohne ein gewisses Springvermögen ist für diesen Sport nicht tauglich, während ein kleines, träges Pony am Distanzsport keine Freude finden und somit auch nicht leistungsfähig sein wird. Auch wenn jede Reitsportdisziplin spezielle Ansprüche stellt, hängt die Leistungsfähigkeit eines Pferdes außerdem ganz stark von den Fähigkeiten des Reiters ab. Jedes Pferd kann mehr oder weniger hoch springen und bis zu einem bestimmten Grad Dressurlektionen oder *Sliding stops* zeigen, doch irgendwo stößt der Vierbeiner an seine körperlichen und/oder geistigen Grenzen. Genausogut kann das Leistungsvermögen eines Pferdes aber auch durch die Fähigkeiten seines Reiters begrenzt werden.

Man kann nicht pauschal sagen, ob und wie gut ein bestimmtes Pferd für die Westernreitweise geeignet ist. Denn zum einen ist das Westernreiten mit seinen unterschiedlichen Disziplinen sehr vielschichtig, zum anderen müssen die Ambitionen des Reiters abgeklärt werden. Während sich im Grunde jedes Pferd dazu eignet, im Westernstil durchs Gelände geritten zu werden, gelten für ein Reining-Turnierpferd ganz andere Maßstäbe. Dieser Unterschiede sollte man sich bewußt sein, damit man keine zu großen Hoffnungen in die Leistungsfähigkeit seines Pferdes setzt und es deshalb womöglich überfordert.

ALLES EINSTELLUNGSSACHE?

Die Eignung eines Pferdes für eine Reitweise oder eine spezielle Reitsportdisziplin hängt nicht nur von seinen körperlichen und mentalen Merkmalen und Eigenschaften ab. Auch die Ambitionen und Fähigkeiten des Reiters haben starken Einfluß darauf, wie wohl sich das Pferd in der jeweiligen reiterlichen Sparte fühlt und wie erfolgreich es ist.

Die einzelnen Disziplinen stellen zwar oft ganz spezielle Anforderungen, aber auch fürs Westernreiten an sich ist es günstig, wenn das Pferd bestimmte Voraussetzungen erfüllt. Je näher ein Pferd an die Vorstellungen von einem idealen Westernpferd herankommt, desto einfacher wird das Umstellungs-Training sein und desto höhere Leistungsanforderungen kann man stellen. Je besser sich ein Pferd für den Westernstil eignet, desto leichter wird es ihm fallen, die Erwartungen seines Reiters zu erfüllen – und um so mehr Spaß werden beide am Training haben. Im Idealfall bringt das Pferd viel Talent für die Westernlektionen mit und hat Freude an der Ausbildung in dieser Reitweise. Das Training verläuft somit flüssiger und vor allem erfolgreicher als mit einem Pferd, das sich aufgrund äußerer oder innerer Merkmale schlechter für den Westernstil eignet und sich deshalb in der Ausbildung womöglich quälen muß. Es ist daher ratsam, ein offensichtlich ungeeignetes Pferd nicht auf die Westernreitweise umzustellen, wenn es in der klassischen Reitweise zufrieden ist, oder aber die Anforderungen sehr niedrig zu halten, was allerdings die Stimmung des Reiters auf Dauer nicht gerade heben wird.

Nicht umsonst hat man spezielle Rassen herausgezüchtet, die sich aufgrund ihres Interieurs und Exterieurs für die verschiedenen Reitsportdisziplinen besonders gut eignen. Dennoch hängt der Erfolg hauptsächlich von einer fachkundigen Ausbildung des Pferdes ab, denn auch das am besten geeignete Pferd wird nicht weiterkommen, wenn es nicht die entsprechende Schulung erhält. So können viele Exterieurmängel durch eine solide Ausbildung abgeschwächt oder sogar vollständig ausgeglichen werden. Es lohnt sich also in jedem Fall, in die Ausbildung des Pferdes zu investieren.

Vorteilhafte Rassen

Die Vertreter der speziell für die Westernreitweise gezüchteten Rassen eignen sich natürlich besonders gut als zuverlässige und erfolgreiche Westernpferde. Als typische Westernpferderassen sind in erster Linie das Quarter Horse, sein gescheckter Kollege, das Paint Horse, sowie der Appaloosa bekannt.

Das Quarter Horse hat sich quasi mit der Reitweise entwickelt, denn es war das Arbeitspferd der amerikanischen Cowboys. Es geht auf die spanischen Rassen zurück, hauptsächlich auf die Andalusier, in deren Adern wiederum viel Araber-

Das Quarter Horse ist das Westernpferd schlechthin.

und Berberblut fließt. Die Spanier brachten ihre Pferde nach der Entdeckung Amerikas auf den Kontinent, wo sich die entlaufenen Tiere schnell vermehrten und daraufhin die großen Mustangherden entstanden. Bald strömten auch Siedler aus dem Osten in die „Neue Welt". Sie brachten ebenfalls Pferde mit, die sich nun auch mit den spanischen Tieren vermischten. Gezielt wurde vor allem Englisches Vollblut eingekreuzt, um die Arbeitspferde schneller und spritziger zu machen. Schon früh fanden erste Rennen statt, wobei die Hauptstraßen der Siedlungen als Rennbahnen dienten. In der Regel war die Rennstrecke etwa 400 Meter lang (eine Viertelmeile), wodurch der Name „A quarter of a mile-race horse" entstand, aus dem später die Bezeichnung Quarter Horse wurde.

Das Quarter Horse wurde als Arbeits- und Rennpferd gezüchtet, es mußte kräftig und zugleich schnell sein. Vor allem aber benötigte man wegen der nicht gerade ungefährlichen Arbeit ein besonders zuverlässiges Pferd. Gerade diese Eigenschaft kommt auch dem modernen Westernreiter zugute, der im Quarter Horse einen hervorragenden Geländepartner hat. Heute handelt es sich bei den Quarter Horses mit über drei Millionen eingetragenen Tieren um die zahlenmäßig größte Pferderasse der Welt. Die Zuchtverbände werben vor allem mit der enormen Vielseitigkeit dieser Pferde.

Der Appaloosa hat den gleichen Ursprung wie das Quarter Horse. An der Entstehung dieser Rasse waren die Nez-Percé-Indianer maßgeblich beteiligt. Die Indianer liebten die gefleckten Tiere unter den Mustangs ganz besonders und begannen diese Pferde systematisch zu züchten. Das Zuchtgebiet lag am Palouse River, woher sich der Name „A palouse horse" und später Appaloosa ableitet. Der Appaloosa ist ebenfalls als sehr vielseitig und besonders nervenstark bekannt, allerdings ist er nicht so extrem bemuskelt wie das Quarter Horse. Das

Das Paint Horse (hier ein Overo-Paint-Hengst) ist der gescheckte Verwandte des Quarter Horse.

Der Appaloosa hat den gleichen Ursprung wie das Quarter Horse.

Langhaar der Appaloosas ist oft spärlich, und nur etwa ein Drittel aller Rassevetreter ist tatsächlich gefleckt. Die meisten Appaloosas sind einfarbig, obwohl den Züchtern bunte Tiere natürlich lieber sind. Dieses Beispiel zeigt, daß die Farbzucht nicht einfach ist und die Leistungsfähigkeit einer Rasse auch bei gefleckten Pferden Priorität vor der Farbe hat.

Die Widerristhöhe der Quarter Horses liegt bei etwa 1,45 bis 1,55 Metern, während die Appaloosas 1,48 bis 1,60 Meter groß sind. Fürs Westernreiten wünscht man sich kein höheres Stockmaß, weil größere Pferde meist weniger wendig und spritzig sind.

Viele Merkmale, die für die Westernpferderassen typisch sind, findet man auch bei Vertretern anderer Rassen. So sind viele Kleinpferde, die den Quarter Horses vom Stockmaß und vom Exterieur her ähneln, sehr gut fürs Westernreiten geeignet. Größere Ponyrassen wie das Connemara, das New Forest oder das Deutsche Reitpony können gute Alternativen zum Quarter Horse sein. Einer Umstellung von der Englisch- auf die Westernreitweise steht bei diesen Rassen in der Regel nichts entgegen. Auch der Araber ist ein äußerst brauchbares Pferd, da er aufgrund seiner hohen Intelligenz und seines Temperaments ein kooperativer und leistungswilliger Partner ist. Nur an Kraft fehlt es ihm manchmal, aber auch an der „relaxten" Manier, die man am Quarter Horse so schätzt. Deshalb eignen sich die meisten Araber nur bedingt als Turnierpferde. Viele Araber lieben es aber, sich in natürlicher Selbsthaltung zu bewegen, so daß sie eine Umstellung auf die Westernreitweise normalerweise äußerst dankbar annehmen.

Auch Englische Vollblüter können in der Regel ohne große Probleme auf das Westernreiten umgestellt

Viele Eigenschaften, die den Westernpferderassen eigen sind, weisen auch Vertreter anderer Rassen auf.

ERZIEHUNG OHNE RASSENUNTERSCHIEDE

Jeder Reiter sollte das Ziel haben, sein Pferd so gut wie möglich auszubilden. Eine solide Erziehung und Schulung trägt zur Sicherheit von Pferd und Reiter bei und garantiert beiden die Freude am Training und am Geländeritt. Das gilt ganz unabhängig davon, wie gut ein Pferd für die Westernreitweise geeignet ist – jedes Pferd kann so weit ausgebildet werden, daß es leicht und angenehm zu reiten ist. Hierzu muß es keiner speziellen Rasse angehören, weil alle Pferde Disziplin, Gehorsam und Kooperationsbereitschaft erlernen können. Somit ist die Philosophie der Westernreitweise auch auf Pferde anwendbar, die in einem anderen Reitstil geritten werden. Bei der ganzheitlichen Umstellung auf die Westernreitweise muß man es allerdings berücksichtigen, wenn ein Pferd weniger gut für den Westernstil geeignet ist, und bei der Ausführung spezieller Manöver unter Umständen Abstriche machen.

werden, denn sie bringen die richtige Größe, genügend Arbeitswillen und Temperament mit.

Als besonders geeignet haben sich Haflinger erwiesen, obwohl sie manchmal etwas stur sind und in der Hals-Kopf-Struktur bisweilen etwas klobig wirken. Gut zu gebrauchen sind auch Norweger, und Isländer können sich ebenfalls unter dem Westernsattel sehen lassen. Bedingt geeignet sind sehr große Pferde mit einem Stockmaß über 1,60 Meter und schwere Tiere wie Kaltblüter, obwohl man auch diese Vierbeiner bei solidem Training erfolgreich zu guten Freizeit-Westernpferden ausbilden kann.

Das ideale Exterieur

Um einschätzen zu können, wie leistungsfähig das eigene Pferd in der Westernreitweise sein kann, sollte man in der Lage sein, die Exterieurmerkmale zu beurteilen. Bestimmte Eigenschaften, die fürs Dressur- oder Springreiten erwünscht sind, können dem Pferd in der Westernreitweise hinderlich sein. Umgekehrt ist es aber natürlich auch möglich, daß das Tier über gewisse Merkmale verfügt, durch die es für die Westernreitweise geradezu prädestiniert ist.

Wer sich jedoch erst ein Pferd kaufen möchte, kann bei der Wahl des zukünftigen Partners schon von vornherein die ausschlaggebenden Kriterien berücksichtigen und damit ideale Voraussetzungen für das Western-Training schaffen. Dabei sollte sich die Entscheidung gerade beim Freizeitreiter nicht unbedingt an der Rasse orientieren, sondern an den Exterieur- und Interieurmerkmalen.

Praktisch ist ein Pferd von mittlerer Größe, etwa zwischen 1,40 und 1,55 Metern. Kleinere Pferde sind für Kinder und Jugendliche in jedem Fall gut geeignet, für Erwachsene dagegen nur mit Einschränkungen. Viele Ponys haben einen sehr kurzen Schritt, während man sich beim Westernreiten gerade in dieser Gangart weit ausgreifende

Bewegungen wünscht. Auch der ästhetische Eindruck leidet etwas, wenn ein Pony von vielleicht 1,30 Metern Stockmaß einen erwachsenen, 90 Kilogramm schweren Menschen tragen soll. Zudem muß man bei kleinen Pferden besonders darauf achten, daß man sie gewichtsmäßig nicht überlastet (siehe auch Seite 65).

Zu große Pferde sind ebenfalls nicht optimal geeignet, weil sie häufig Schwierigkeiten haben, ihr Gewicht auf die Hinterhand zu verlagern. Denn meist sind sie nicht nur groß, sondern folglich auch im Rücken sehr lang. Die Hälse solcher Tiere sind in der Regel ebenfalls relativ lang, weshalb diese Pferde vernünftigerweise in stärkerer Versammlungshaltung geritten werden müssen, damit die Vorhand auf Dauer nicht überlastet wird. Ein großrahmiges Pferd hat kaum Talent dafür, sich in natürlicher Selbsthaltung zu tragen, ohne daß es auf der Vorhand läuft. Zudem sind Pferde mit einem Stockmaß über 1,60 Meter für viele Manöver, die beim Westernreiten gefordert werden, nicht wendig genug. Sie erfüllen also die Voraussetzung für viele Westernlektionen nicht und hätten somit auch keinen Spaß an der Arbeit, weil sie sich bei der Ausführung verschiedener Aufgaben einfach ziemlich schwertun würden.

Da Westernpferde ihr Gewicht ohne starke Versammlungshaltung auf die Hinterhand verlagern sollen, wünscht man sich ein kompaktes Gebäude. Das bedeutet, daß das Pferd einen kurzen Rücken und einen nicht zu langen Hals haben sollte. Bevorzugt werden sogenannte Quadratpferde, bei denen die Widerristhöhe etwa der Rumpflänge entspricht. Rechteckpferde, wie man sie in der englischen Reitweise bevorzugt, sind im Rücken deutlich länger.

Außerdem wünscht sich der Westernreiter einen feinen, „trockenen" Kopf. Dabei ist vor allem eine ausreichende Ganaschenfreiheit wichtig, die es dem Pferd möglich macht, ohne Schwierigkeiten im Genick nachzugeben. Mit einer guten Ganaschenfreiheit ist in aller Regel auch ein nicht zu dicker Hals verbunden, der die Bewegung selbst bei flinken Manövern nicht hemmt, dem Reiter aber auch eine ausreichende Horizontal- und Vertikalkontrolle ermöglicht.

Ein ausgeprägter, weit in den Rücken hineinreichender Widerrist sorgt dafür, daß der Sattel gut sitzt. Der Rücken selbst sollte nicht zu weich sein, aber über eine gute Sattellage verfügen. Eine abfallende Kruppe ist außerdem vorteilhafter als eine gerade, die man oftmals bei Arabern und manchmal auch bei großen Warmblütern vorfindet.

Ein flach stehendes Schulterblatt befähigt das Pferd, mit der Vorhand weit auszugreifen und damit einen fleißigen Schritt mit viel Schub aus der Hinterhand zu entwickeln. Der Winkel des Schulterblattes ist normalerweise mit der Winkelung der Fessel identisch. Ein relativ flacher Fesselstand gewährleistet weiche Gänge, während eine steile Fessel (die in der Regel mit einer steilen Schulter in Verbindung steht) härtere Gänge zur Folge hat. Extrem flach sollte die Fesselstellung allerdings auch nicht sein, weil ansonsten die Sehnen und Bänder übermäßig belastet werden und folglich zu frühen Verschleißerscheinungen neigen. Eine übermäßig steile Fesselstellung belastet dagegen die Gelenke sehr stark. Es sollte selbstverständlich sein, beim Pferdekauf grundsätzlich auf gesunde Beine zu achten, die keine übermäßigen Fehlstellungen aufweisen. Natürlich muß das Pferd auch ansonsten vollkommen gesund sein, damit man es als Reittier einsetzen kann. Wichtig ist in diesem Zusammenhang auch ein kritischer Blick auf die Hufe, auf deren Form und die Hornqualität.

Ein kompaktes Kleinpferd mit einem insgesamt harmonischen Körperbau bringt die besten Voraussetzungen für ein leistungsfähiges Westernpferd mit. Alle körperlichen Mängel können zu Einschränkungen in der Leistungsfähigkeit führen, möglicherweise aber auch die Entstehung von Krankheiten und Verletzungen (zum Beispiel Überlastungen und Verschleißerscheinungen) begünstigen.

Die inneren Werte

Bedeutender als das Exterieur sind für ein Westernpferd die inneren

Kleinere Warmblüter machen unter dem Westernsattel ebenfalls eine gute Figur.

Der Haflinger eignet sich sehr gut für die Westernreitweise.

Werte. Da beim Westernreiten die selbständige Mitarbeit des Pferdes gefordert ist, muß der Vierbeiner bestimmte charakterliche Anforderungen erfüllen. Ein ideales Interieur kann sogar manche Gebäudemängel kompensieren, wenn sie nicht zu kraß sind und gesundheitliche Schäden hervorrufen.

Bei einem Pferdeneukauf ist es nicht einfach, das Tier so gut kennenzulernen, daß man seine Charaktereigenschaften ausreichend beurteilen kann. Deshalb bleibt den meisten Käufern nichts anderes übrig, als sich nach den Äußerlichkeiten zu richten und auf ein passables Interieur zu hoffen. Hier kann es hilfreich sein, Pferde aus bewährten Zuchten in die engere Wahl zu nehmen, von denen man weiß, daß die Tiere charakterlich einwandfrei und kooperativ sind. Einige Reiter tun sich aber sogar schwer, den Charakter des eigenen Pferdes zu beurteilen, das sie schon jahrelang reiten. Der Grund liegt

Für das Freizeit-Westernreiten haben sich auch Traber und sogar Kaltblüter bewährt.

meist darin, daß sie nicht gelernt haben, auf das Pferd einzugehen. Um den Charakter und die inneren Eigenschaften eines Pferdes einschätzen zu können, muß man fähig sein, das Tier zu verstehen. Es reicht nicht, die Pferdesprache gerade so weit zu beherrschen, daß man das Ohrenanlegen als Drohung erkennt! Wer sein Pferd wirklich verstehen möchte, der muß auch kaum merkliche Verhaltensweisen und Signale wahrnehmen, die viel mehr aussagen, als Worte es je könnten.

Es ist nicht einfach, den Charakter eines Pferdes zu beurteilen, denn die Ursache für unwilliges Verhalten muß nicht immer Sturheit sein, sondern kann auch ganz andere Gründe haben. Vielleicht hat das Pferd Schmerzen oder versteht die Aufforderung des Reiters nicht. Man darf also keine vorschnellen Schlüsse ziehen, sondern muß seine Sinne stets für die Signale des Pferdes offenhalten. Im Laufe der Zeit lernt man den Charakter und die Eigenheiten eines Pferdes schließlich besser kennen – und erst dann kann man beurteilen, wie gut sich der Vierbeiner vom Interieur her als Westernpferd eignet.

Aufgrund seiner Intelligenz und Sensibilität sowie seines Temperaments kann man den Araber zu einem guten Westernpferd ausbilden – vorausgesetzt, der Reiter hat eine gefühlvolle Hand.

KEINE FRAGE DES STILS

Da man bei der Ausbildung in allen Reitweisen auf ein sensibles, williges und auf minimalste Hilfen reagierendes Pferd hinarbeitet, sind die Unterschiede zwischen den einzelnen Reitstilen bei gut gerittenen Pferden gar nicht so groß. Je besser ein Pferd ausgebildet ist, desto einfacher gestaltet sich deshalb auch die Umstellung.

Weil Westernpferde zur willigen und selbständigen Mitarbeit erzogen werden sollen, sind sture Tiere nicht gerade erwünscht. Durch viel Geduld, richtigen Umgang und motivierende Aufgaben können aber selbst vierbeinige Dickschädel zu kooperativen Partnern umerzogen werden. Häufig wird der Charakter durch die Behandlung, die Ausbildung und die Haltungsform geprägt, das Interieur ist also in gewisser Weise und bis zu einem bestimmten Grad formbar.

Hat man die Wahl, sollte man aber die Finger von „schwierigen" Pferden lassen, die stur, faul und möglicherweise sogar aggressiv sind, weil sie nicht immer zufriedenstellend umzuschulen sind und man in jedem Fall viel Arbeit und Geduld in ihre Ausbildung investieren muß.

Lebhafte, fleißige und leistungsbereite Pferde bieten dagegen eine hervorragende Grundlage für eine erfolgreiche Zusammenarbeit. Ein interessiertes und waches Auge ist sehr positiv zu beurteilen, aber auch Flexibilität und Sensibilität sollte ein zukünftiges Westernpferd mitbringen. Wenn die angeborene Neugierde deutlich zutage tritt, kann man sicher sein, ein aufmerksames und williges Pferd vor sich zu haben.

Obwohl man sich das Pferd leistungsbereit und kooperativ wünscht, soll es durchaus auch seine eigene Meinung deutlich machen, denn es ist nicht immer vorteilhaft, wenn das Pferd alles widerstandslos akzeptiert. Willige Mitarbeit bedeutet nämlich nicht, daß sich das Pferd „knechten" läßt, sondern daß eine anregende Kommunikation zwischen Reiter und Pferd stattfindet, deren Ergebnis beide – Reiter und Pferd – zufriedenstellt. Somit haben beide Spaß am Training, und die Freude an der Arbeit steigert wiederum die Leistungsbereitschaft des Pferdes.

Die Umschulung

Je besser ein Pferd bereits in der englischen Reitweise ausgebildet wurde, desto einfacher ist in der Regel die Umschulung zum Westernpferd. Ein gut gerittenes Pferd, egal, in welcher Reitweise es ausgebildet wurde, hat immer bestimmte Grundlagen vermittelt bekommen. Es reagiert sensibel auf die Hilfen des Reiters, gibt willig im Maul nach und ist aufmerksam. Auf dieser Basis kann man sehr gut aufbauen, so daß die Umstellung bei einem geeigneten Pferd nahezu mühelos erfolgt. Viele für die Westernreitweise geradezu prädestinierte Pferde, die ein ideales Exterieur und Interieur mitbringen, sind sogar sehr dankbar und belohnen ihre Reiter mit einer enormen Leistungsbereitschaft und durchschlagenden Erfolgen.

Vom Springcrack zum Westernpferd?

Im Prinzip läßt sich jedes Pferd auf die Westernreitweise umstellen, doch man sollte vor dem Trainingsbeginn abchecken, ob der Umstieg auch wirklich sinnvoll ist. Es ist zwar möglich, ein großrahmiges Springpferd mit einem Westernsattel zu versehen und so durchs Gelände zu reiten, doch man sollte sich überlegen, ob man sich und dem Pferd damit tatsächlich einen Gefallen tut. Das gilt auch dann, wenn man seine Erwartungshaltung bezüglich der Leistungsfähigkeit sehr tief ansiedelt, weil das Pferd vom Exterieur her nicht gerade das klassische Westernpferd ist. Auch wenn man nur ein Spazierreitpferd haben möchte, das einen brav durch den Wald trägt, besteht die Möglichkeit, daß sich die Umschulung negativ auf die Zusammenarbeit mit dem Pferd auswirkt.

Wenn sich das Tier als Springpferd bewährt hat und offensichtlich Spaß am Überspringen von Hindernissen hat, gibt es keinen Grund, es nun plötzlich umschulen zu wollen – abgesehen vom Egoismus des Reiters, der sich vielleicht einbildet, er müsse jetzt wie ein Cowboy durch die Gegend reiten. Wer an eine Umschulung denkt, sollte zunächst die Bedürfnisse des Pferdes berücksichtigen. Erst wenn diese sich durch eine Umstellung besser befriedigen lassen, kann man sich ernsthaft mit einem Wechsel des Reitstils befassen. Das bedeutet, daß die Umschulung eines erfolgreichen Springcracks zu einem durchschnittlichen oder wegen des ungeeigneten Exterieurs und/oder Interieurs sogar schlechten Westernpferd nicht empfehlenswert ist. Ein Pferd spürt es durchaus, ob es seine Aufgaben erfolgreich absolvieren kann oder ob es Schwierigkeiten damit hat. Auch das Pferd fühlt sich immer dann wohl und hat Spaß an der Sache, wenn es erfolgreich arbeiten kann. Ein Springpferd, das mit seiner Aufgabe zufrieden ist, kann als Westernpferd ein trauriges Dasein führen, weil es möglicherweise weder in der Lage ist, einigermaßen flüssige *Roll backs* auszuführen, noch beim Spazierritt sein Gewicht selbständig auf die Hinterhand zu verlagern.

Gerade Warmblutpferde, die für das Dressur- oder Springreiten gezüchtet wurden und aufgrund ihrer Großrahmigkeit darauf angewiesen sind, unter dem Reiter in einer relativ starken Versammlungshaltung zu gehen, fühlen sich als Westernpferde oft hoffnungslos überfordert. Zum einen ist es für sie schwierig bis unmöglich, ihr Gewicht ohne unterstützende Versammlungsarbeit auf die Hinterhand zu bringen, zum anderen fehlt ihnen sehr häufig das Gebiß, das ihnen als Stütze dient. Das Ergebnis ist im schlimmsten Fall ein stolperndes, unsicheres oder sogar schwankendes Pferd, das sich nicht alleine ausbalancieren kann und deshalb auf die Unterstützung des Reiters angewiesen ist.

Man muß einsehen, daß vor allem große Warmblüter, aber auch die meisten Kaltblutpferde und

Vom Springcrack zum Westernpferd? Bei der Umschulung darf man die Bedürfnisse und Fähigkeiten des Pferdes nicht unberücksichtigt lassen.

manche Vertreter anderer Rassen erhebliche Schwierigkeiten haben können, sich im Westernstil zurechtzufinden. Sie wurden nicht für diesen Reitstil gezüchtet, und daß sie nur selten auf diese Art ausgebildet worden sind, stellt ein zusätzliches Handikap dar, denn die Macht der Gewohnheit ist beim Pferd sehr stark ausgeprägt. Hat man ein Tier, das grundsätzlich nicht fürs Westernreiten geeignet ist, so bringt die Umschulung noch mehr Schwierigkeiten mit sich als die grundlegende Ausbildung zum Westernpferd von Anfang an. Einen Versuch ist es deshalb nur wert, wenn das Pferd in der bisherigen Reitweise unzufrieden ist, denn dann kann die Ausbildung im Westernstil auch als Therapie dienen.

Exterieurprobleme kompensieren

Bei Pferden mit einem allzu ungeeigneten Gebäude wird es schwierig sein, die Exterieurprobleme auszugleichen. So muß man sich bei großrahmigen Warmblutpferden damit abfinden, daß sie häufig nicht „westernlike" am losen Zügel geritten werden können. Bestenfalls kann man bei ihnen einen Kompromiß schließen und die Versammlung nur so weit aufrechterhalten, daß die Gewichtsverlagerung auf die Hinterhand gewährleistet ist. Dies kommt dann einem Mischstil nahe, der aber häufig nicht zufriedenstellend ist, vor allem dann nicht, wenn man sich aufgrund der schwierigen Voraussetzungen dazu gezwungen sieht.

Inwieweit darf ein Pferd nun vom idealen Exterieur abweichen, damit man diese „Fehler" noch kompensieren kann? Sicherlich gibt es hier keine eindeutige Grenze, doch ein Mangel wird immer schwieriger auszugleichen sein, je stärker das jeweilige Merkmal vom Idealbild abweicht.

Zunächst sollte aber die Frage geklärt werden, ob bestimmte Gebäudemerkmale nur in bezug auf die Reitweise störend sind oder ob es sich um grundsätzliche Exterieurfehler handelt, die bei keiner Reitweise oder Pferderasse erwünscht sind. Wenn es sich um allgemeine Gebäudeprobleme wie Fehlstellungen der Beine oder einen unproportionierten Körperbau handelt, kann man diese Faktoren nicht in die Überlegungen einbeziehen, ob das Pferd damit fürs Westernreiten geeignet ist oder nicht. Dieses Pferd kann nämlich weder im Westernstil noch in irgendeiner anderen Reitweise besonders erfolgreich sein, weil derartige Fehler es immer beeinträchtigen – ganz gleich, wie das Pferd geritten wird. Fehlstellungen der Gliedmaßen wird man nie durch den Wechsel der Reitweise ausgleichen können. Natürlich sollte man ein solches Pferd schonen, um frühe Verschleißerscheinungen zu vermeiden, doch ein schonender Reitstil ist von der Reitweise unabhängig.

Dagegen kann man Exterieurmerkmale, die nur für eine bestimmte Reitweise als nicht ideal angesehen werden, durchaus bis zu einem gewissen Grad ausgleichen. Wenn es sich nicht gerade um ein extrem großes und damit auch langrückiges Warmblutpferd handelt, kann man mit etwas erhöhtem Aufwand durch fachgerechte Gymnastik sehr wohl ein wendiges Pferd heranbilden, das gut in der Lage ist, sich auf die Hinterhand zu „setzen".

Ein solches gezieltes, auf den Körperbau ausgerichtetes Training ist allerdings nicht einfach zu bewerkstelligen. Nicht umsonst sortieren professionelle Trainer bei der Suche nach Pferden für den großen Turniersport schon Tiere aus, die aufgrund bestimmter Eigenschaften keine 100 Prozent, sondern möglicherweise nur 90 Prozent an Leistung bringen können. Die Profitrainer scheuen den erhöhten Trainingsaufwand, weil sie ein möglichst effektives Ergebnis erzielen und viel Leistung bei wenig Zeitaufwand erreichen möchten. Profitrainer wissen, mit wieviel Aufwand es verbunden sein kann, Exterieurprobleme durch entsprechendes Training zu kompensieren. Der Durchschnittsreiter, der in der Regel nicht über das reiterliche Können eines professionellen Trainers ver-

Die Erwartungshaltung des Reiters muß sich bei der Umschulung des Pferdes den Voraussetzungen anpassen.

ANSPRUCH UND WIRKLICHKEIT

Pferde, die sich vom Exterieur und ganz besonders auch vom Charakter her für die Westernreitweise eignen, sind in der Regel sehr leicht umzuschulen, weil sie die Voraussetzungen für den Westernstil bestens erfüllen und somit für das Training empfänglich sind. Ungeeignete Merkmale sollte man zwar mit intensivem und gezieltem Training zu kompensieren versuchen, jedoch nicht um jeden Preis. Oftmals ist es besser, eine Schwachstelle zu akzeptieren und sich beim Reiten danach zu richten, als das Pferd ständig mit Problemen zu konfrontieren. Man sollte seine Erwartungshaltung also den Voraussetzungen angleichen.
Ein Beispiel: Wenn das angehende Westernpferd keine optimale Hinterhandwinkelung oder -bemuskelung hat, um tief gesetzte Sliding stops auszuführen, sollte man dem Pferd nicht unnötig viele Stops abverlangen – in der Hoffnung, man könne seine Mängel durch verstärktes Training ausgleichen. Es ist sinnvoller, die Tatsachen zu akzeptieren und sich mit weniger weiten und tiefen Slides zufriedenzugeben.
Verstärkte gymnastizierende Übungen können dagegen dazu beitragen, daß ein grundlegend steifes Pferd beweglicher und wendiger wird.

fügt, kann an einer derartigen Aufgabe darum auch leicht scheitern. Aus diesem Grund ist es sinnvoller, sich nicht darauf zu verlassen, daß man einen Mangel mit erhöhtem Trainingsaufwand auszugleichen vermag. Statt dessen sollte man sich mit dem problematischen Körperbau des Pferdes abfinden und seine Leistungserwartungen entsprechend niedriger ansiedeln. Man ist gut beraten, wenn man diese Einschränkungen akzeptiert und es sich dennoch zum Ziel setzt, die Mängel mit intensivem Training wenigstens abzuschwächen.

Der Reiter kann sich glücklich schätzen, wenn das Pferd aufgrund seines Charakters selbst in der Lage ist, eventuell vorhandenen Exterieurmängeln entgegenzuwirken. Nicht nur willige, sondern in erster Linie besonders ehrgeizige und eifrige Pferde sind die besten Kandidaten für einen Ausgleich von Exterieurproblemen. Ein kooperatives, sensibles und aufmerksames Pferd mit leichten Gebäudemängeln weist ein größeres Leistungspotential auf als ein korrekt gebautes, aber träges Tier. Dies zeigt dem Reiter, daß das Interieur seines Pferdes in jedem Fall wichtiger ist als alle Äußerlichkeiten. Folglich sind Pferde, die sowohl über ein korrektes Exterieur als auch über ein einwandfreies Interieur verfügen, besonders leistungsfähig und haben beste Chancen, erfolgreiche Turnierpferde zu werden.

Probleme mit Charakter und Typ

Weitaus schwieriger kann die Umschulung des Pferdes werden, wenn es vom Charakter und vom Typ her problematische Merkmale mitbringt. Gerade sture und grundsätzlich widerwillige Tiere sind sehr schwer dazu zu bewegen, dem Willen des Reiters freiwillig zu folgen. Deshalb wird bei solchen Tieren schnell zu Sporen, Gerte oder einem schärferen Gebiß gegriffen. Sicherlich ist es für den Reiter wichtig, seine Forderungen durchzusetzen, damit das Pferd ihm nicht auf der Nase herumtanzt. Doch wie soll man dies ohne Zwangsmaßnahmen bewerkstelligen, wenn das Pferd nicht will?

Auch wenn im Ausnahmefall einmal ein Gertenhieb notwendig sein kann, sollte man immer bemüht sein, ohne solche Hilfsmittel auszukommen. Es ist eine viel größere Kunst, das Pferd zur aktiven Mitarbeit zu motivieren, als sich mit Zwangsmitteln durchzusetzen. Der einfachere Weg wäre es also – zumindest kurzfristig betrachtet –, dem Pferd einen Schlag mit der Gerte zu versetzen oder es mit den Sporen nachhaltig aufzufordern, bis es schließlich schmerzbedingt nachgibt. Doch ist dies das Ziel der Westernreitweise? Nein, mit Sicherheit nicht. Man sollte also auch bei charakterlich schwierigen Pferden darauf hinarbeiten, daß sie willig und freudig mitarbeiten und die geforderten Aufgaben ehrgeizig und eifrig angehen.

Um dieser Zielsetzung näherzukommen, muß man als erstes die Ursachen für die Sturheit erforschen. Kann man Schmerzen (durch einen drückenden Sattel, ein kneifendes Gebiß oder ähnliches) und Mißverständnisse (das Pferd versteht die Hilfen des Reiters nicht) ausschließen und ist man sicher, daß der Widerstand grundlegend ist, kann man mit einem gezielten Motivations-Training beginnen. Der erste Schritt besteht darin, immer nur Übungen zu fordern, die das Pferd mit Leichtigkeit bewältigen kann. Man verlangt also beispielsweise nicht fünf Schritte rückwärts, sondern nur ein bis zwei Schritte. Jede (erwünschte) Aktion, die eine selbständige und kooperative Einstellung erahnen läßt, honoriert man mit viel Lob. Ein solches Verhalten zeigt nämlich, daß das Pferd angefangen hat mitzudenken. Das Pferd ist bei der Sache und somit aufmerksam – und das sind genau die Voraussetzungen, die schließlich zu einer aktiven Mitarbeit führen.

DAS MOTIVATIONS-TRAINING

Um ein Pferd zur aktiven Mitarbeit zu animieren, sollte man sich an folgenden Grundsätzen orientieren:

- nur sehr einfache Übungen verlangen
- jede positive Reaktion, und sei sie auch noch so minimal, mit viel Lob honorieren
- dem Pferd die Möglichkeit lassen, selbst zu entscheiden
- bei kleinsten Anzeichen von Selbständigkeit und Kooperationsbereitschaft ausgiebig loben
- Fehler und stures Verhalten ignorieren, jedoch nicht bestrafen
- viel Zeit und Geduld für das Training aufbringen

Das Trainingskonzept

Das Trainingskonzept kann nur erfolgreich sein, wenn man die Voraussetzungen berücksichtigt, die Pferd und Reiter mitbringen. Außerdem muß man die verfügbaren Trainingsmöglichkeiten in die Planung einbeziehen.

Wer bei der Umschulung von der Englisch- auf die Westernreitweise erfolgreich sein möchte, muß im Vorfeld genaue Überlegungen anstellen, die Voraussetzungen von Reiter und Pferd richtig abschätzen und einen sinnvollen Trainingsplan ausarbeiten. Es ist klar, daß es bei der Umstellung nicht damit getan ist, den Sattel zu wechseln oder zu einer losen Zügelführung überzugehen. Es spielen viele verschiedene Komponenten eine Rolle, so daß jeder Schritt genau bedacht werden muß, damit man sich nicht in eine Sackgasse verrennt.

Der Reiter

Die meisten Westerntrainer freuen sich über Reitschüler, die zuvor eine klassische Reitausbildung genossen haben. Das liegt daran, daß die Schüler bereits über bestimmte Grundkenntnisse verfügen, auf die man im Western-Training aufbauen kann. Der Lehrer kann im Unterricht zügiger vorgehen und einen solchen Schüler intensiver fördern, weil er die Grundlagen eines guten Sitzes, das Gefühl für die Bewegungsmechanik des Pferdes und die notwendige Balance im Sattel mitbringt. Häufig wird im Westernreitunterricht auf diese grundlegende Ausbildung nicht genügend Wert gelegt, so daß viele Menschen, die ihre reiterliche Karriere gleich im Westernsattel begonnen haben, später einen schlechten Sitz und ein ungenügendes Gleichgewichtsgefühl haben. Damit bleiben solchen Reitern höherklassige Erfolge verwehrt, da man auf einem wackeligen Grundstock nur sehr schlecht aufbauen kann.

Die klassische Ausbildung ist darum keineswegs umsonst gewesen, wenn man in den Westernsattel umsteigen möchte. Ganz im Gegenteil: Sie kann einem viel Vorarbeit ersparen, und es ist keineswegs notwendig, die Ausbildung im Westernsattel wieder bei Null zu beginnen. Dennoch können sich manche Reiter bei der Umstellung auf das Westernreiten schwerer tun als blutige Anfänger beim Neulernen. Viele Reiter können sich nicht mehr vollständig umgewöhnen, vor allem solche, die schon sehr lange im Englischsattel „zu Hause" waren. Den langjährigen Englischreitern wird man ihre Vergangenheit noch lange und vielleicht auch für immer ansehen. Es gibt Umsteiger, die es ihr ganzes Reiterleben lang nicht lassen können, mit den Beinen zu klammern oder den ständigen Zügelkontakt zu suchen. Damit ist es ihnen unmöglich, das Westernreiten in seiner reinen Form auszuüben. Während man als Umsteiger also positive Aspekte wie zum Beispiel einen guten Sitz in das Western-Training mitnehmen kann, können einem daneben auch schlechte Angewohnheiten die Umstellung erschweren.

Vorstellung und Realität

Viele umsteigewillige Englischreiter haben die Vorstellung, nach einigen Reitstunden bei einem Westerntrainer wären sie perfekte Westernreiter. Schließlich können sie auf ihre Grundausbildung in der klassischen Reitweise zurückgreifen und denken, sie könnten dies ohne Einschränkung tun. Manche Reitlehrer aus dem „englischen Lager" sind sogar der Meinung, daß man das Westernreiten erst dann erlernen kann, wenn man das Englischreiten in seinen Grundzügen beherrscht. Das ist natürlich nicht richtig, denn die notwendigen Grundlagen kann man sich genausogut im Westernsattel aneignen, wenn der Trainer in der Lage ist, sie seinen Schülern entsprechend zu vermitteln. Haben ein Englisch- und ein Westernreiter eine vergleichbare Basisausbildung hinter sich, kann letzterer im Western-Training natürlich wesentlich besser von seinen Grundlagen profitieren als der Englischreiter, der sich nun in einigen Dingen umgewöhnen muß.

Leider ist es aber meistens auch so, daß der Umsteiger in seiner Vergangenheit keine zufriedenstellende Ausbildung genossen hat, sondern lediglich nach der Methode „Reiten lernt man nur durch Reiten" ausgebildet worden ist. Dabei müssen sich Mängel auftun, denn wenn man diesen Grundsatz beherzigt, ohne einen guten Lehrer hinzuzuziehen, kann man bestenfalls die Balance erlernen, nicht jedoch die korrekte Hilfengebung – schon gar nicht auf einem abgestumpften Schulpferd. Irgendwann spürt der Reiter selbst, wie unzureichend diese Ausbildung ist. Seine Unzufriedenheit ist dann häufig der Grund dafür, daß er das Lager wechseln möchte. Es wäre darum naiv zu denken, daß sich die Umstellung auf das Gewöhnen an den Westernsattel beschränkt. Um Enttäuschungen zu vermeiden, ist es ratsam, sich nicht auf die absolvierte englische Reitausbildung zu stützen, sondern sich dem neuen Stil ohne jede Erwartungshaltung zu öffnen. Nur auf diese Weise hat man die Chance, bisherige Fehler abzulegen und zugleich auf den nützlichen Grundlagen aufzubauen.

Fehler, Fehler, Fehler

Da das Reitenlernen an sich schon schwierig genug ist und man auch als Fortgeschrittener immer wieder

DIE UMSTELLUNG BEGINNT IM KOPF

Für einen guten Start in das Umstellungs-Training ist es wichtig, nach Möglichkeit alles bisher im Englischunterricht Gelernte zu vergessen. Damit kann man sich den Neuerungen, die die Westernreitweise bereithält, zumindest geistig unvoreingenommen öffnen. Körperliche Aspekte wie beispielsweise der angewöhnte Sitz oder die Hilfengebung werden sowieso quasi automatisch ablaufen. Diese Automatisierung läßt sich nur über das Gehirn beeinflussen, das bekanntlich die Körperfunktionen steuert. Man sollte nur Dinge, die sich als sinnvoll und richtig erweisen, beibehalten – etwa einen korrekten Sitz. Angewohnheiten, die in der Westernreitweise falsch oder störend sind, muß man sich mühsam abgewöhnen. Dafür benötigt man eine hohe Konzentration und viel Willensstärke. Die Umstellung beginnt also nicht bei der Technik, sondern im Kopf.

Fehler macht, wird dem Umsteiger gerade in der Anfangsphase so mancher Lapsus unterlaufen. Man kann nicht zu viele Fehler auf einmal korrigieren, sondern muß sich auf einen langen, beschwerlichen Weg gefaßt machen, bis einem die Technik der Westernreitweise in Fleisch und Blut übergegangen ist. Zu Beginn des Umstellungs-Trainings kommen so viele neue Aspekte auf den Reiter zu, daß er nicht selten frustriert ist und einen guten Freund oder Lehrer benötigt, der ihm wieder Mut macht. Nur allzu viele Reiter geben in diesem Stadium auf und bleiben schließlich doch bei der englischen Reitweise. Unter Umständen können es Kleinigkeiten sein, die den Reiter veranlassen, der Westernreitweise wieder den Rücken zu kehren. Oft gibt schon der anfangs ungewohnte Sitz im Westernsattel den Ausschlag dafür, die Idee mit dem Westernreiten wieder fallenzulassen. Gerade bereits fortgeschrittene Reiter haben dabei den Eindruck, in den Anfängerstatus zurückzurutschen, weil sie sich im Westernsattel plötzlich unsicher fühlen. Dieses Gefühl ist tatsächlich sehr unangenehm, denn gerade ein erfahrener Reiter möchte sich keine Blöße geben und mehr oder weniger hilflos im Sattel herumrutschen. Doch für einen Reiter, der bereits gelernt hat, ausbalanciert zu sitzen, ohne sich am Zügel festzuhalten, wird diese Phase nicht lange andauern. Erfahrungsgemäß fühlen sich solche Umsteiger schon nach wenigen Stunden oder gar Minuten auch im Westernsattel pudelwohl.

Als erstes kommt auf den Umsteiger die Gewöhnung an den Sattel und an die Zügelhandhabung zu. Nach und nach kann man sich dann die Technik der Hilfengebung aneignen und versuchen, sich dem Pferd auf die neue Art und Weise mitzuteilen. Dabei entsteht erst im Laufe der Zeit wieder eine richtiggehende Kommunikation, denn in der neuen Reitweise mit ihrer andersartigen Hilfengebung unterhält man sich nun quasi in einer anderen Sprache.

Gerade fortgeschrittene Reiter haben anfangs oft das Gefühl, in den Anfängerstatus zurückzurutschen, wenn sie aufs Westernreiten umsteigen.

Viele Fehler sind gerade im Anfangsstadium vorgezeichnet, vor allem gewohnheitsmäßige Aktionen wird man immer wieder quasi automatisch in der vertrauten – und jetzt „falschen" – Art ausführen. Man muß sich darüber im klaren sein, daß es erheblich schwieriger ist, eingefahrene Muster zu ändern, als die Dinge völlig neu zu lernen. Davon sollte man sich aber nicht entmutigen lassen, weil man als Umsteiger dafür in anderen Bereichen gegenüber dem absoluten Neuling im Vorteil ist. Diese Vorzüge wird man allerdings erst im weiterführenden Training ausschöpfen können. Bis dahin darf man sich durch die vielen anfänglichen Fehler nicht beirren lassen, denn sie sind beim Umstellungs-Training völlig normal.

Solange man daran arbeitet, die Fehler zu korrigieren, ist man auf dem richtigen Weg und muß sich nicht denken, daß man es wohl niemals lernen wird. Wenn man sich stets Mühe gibt, wird man die Technik plötzlich wie von selbst beherrschen, denn bei der Umstellung handelt es sich um einen fließenden Übergang. Es gibt dabei keinen Punkt, ab dem man sagen könnte, daß man nun ein „echter" Westernreiter ist. Schließlich lernt man nie aus – beim Reiten schon gar nicht. Jeder Reiter kann immer noch besser werden und sollte auch danach streben, seine Fähigkeiten zu vervollkommnen. Wer zu lernen aufhört, wird nicht auf dem erreichten Level stehenbleiben, sondern kontinuierlich Rückschritte machen. Wenn man also glaubt, an einem Punkt angekommen zu sein, an dem man sich als „fertiger" Reiter fühlt, wird man sein Ziel niemals erreichen. Nur wer bemüht ist, immer dazuzulernen, wird Erfolgserlebnisse und somit Freude am Reiten haben. Wenn man sich stets vor Augen hält, daß Fehler dazu da sind, korrigiert zu werden, wird man auch in der Anfangsphase des Umstellungs-Trainings den Mut nicht verlieren. Später wird der Umsteiger dann auch Vorteile aus seiner „englischen" Vergangenheit ziehen können, denn er kann in jedem

Es ist immer empfehlenswert, das Umstellungs-Training unter den Augen eines erfahrenen Trainers zu absolvieren.

ERKANNTE FEHLER SIND BEREITS EIN FORTSCHRITT

Sicherlich ist es deprimierend, wenn man wieder einmal feststellen mußte, daß man beim Reiten einen Fehler gemacht hat – sei es, daß man die Zügel zu lange angenommen, mit den Schenkeln geklammert oder das Stimmkommando vergessen hat. Trotzdem sollte man es positiv sehen, daß man den Fehler erkannt hat. Denn man kann ihn nur dann korrigieren, wenn man ihn zuvor bemerkt hat. An Fehlern, die einem nicht bewußt werden, kann man nicht arbeiten, so daß sich unbemerkte falsche Angewohnheiten leicht festigen.

Fall auf einen reicheren Erfahrungsschatz zurückgreifen als ein Reiter, der nur das Westernreiten erlernt hat.

Ist ein Trainer notwendig?
Es ist immer empfehlenswert, das Umstellungs-Training unter der Anleitung eines guten Lehrers zu absolvieren. Der Trainer kann einem die korrekte Hilfengebung vermitteln und Fehler sofort korrigieren. Beim Training ohne Lehrer können dem Reiter falsche Hilfengebungen erst klar werden, wenn das Pferd nicht wunschgemäß reagiert. Dann hat man sich den Fehler aber oft bereits angewöhnt und muß viel Arbeit und Geduld investieren, um ihn wieder abzustellen. Wer nicht erst aus Erfahrung klug werden will, ist mit einem erfahrenen Trainer also gut beraten. Mit Sicherheit erzielt man unter fachkundiger Anleitung schneller Fortschritte als beim Versuch, sich das Westernreiten selbst beizubringen.

Ein Lehrer hilft dem Reiter, Fehler zu erkennen, und zeigt ihm den richtigen Weg, diese anschließend zu korrigieren. Ein guter Trainer unterstützt den Reiter außerdem darin, sich die Fehler bewußt zu machen, damit der Schüler künftig auch ohne professionelle Hilfe in der Lage ist, an seinen Schwachpunkten zu arbeiten. Dabei weist der Lehrer den Schüler nur darauf hin, daß er gerade etwas falsch macht, und läßt den Reiter den Fehler selbst aufspüren. Der Reiter ist darum gefordert, nachzudenken und die Fehlerquelle zu ergründen. In den meisten Fällen erkennt der Reiter den Fehler sehr schnell, vorausgesetzt, der Trainer hat ihn zuvor schon mindestens einmal darauf aufmerksam gemacht. Im Normalfall sind aber wiederholte Hinweise notwendig. Der Reiter muß also in der Theorie über einen Fehler Bescheid wissen, um ihn in der Praxis erkennen und korrigieren zu können. Auf diese Weise kann der Schüler am effektivsten lernen.

Ohne Anleitung neigt der Reiter dazu, sich unbemerkte Fehler in der Körperhaltung, im Sitz oder in der Hilfengebung anzugewöhnen, die sich fast immer schleichend einstellen. Man selbst erkennt diese Schwächen aber niemals, wenn man nicht von jemand anderem darauf aufmerksam gemacht wird. Es gibt Aspekte, die man vom Sattel aus nicht bemerkt und die auch keine spürbaren Reaktionen beim Pferd hervorrufen, die es aber dennoch in seinen Bewegungen stören können oder andere negative Begleiterscheinungen mit sich bringen. Auch ein guter Reiter sollte sich deshalb zumindest von Zeit zu Zeit von einem erfahrenen Reiterkollegen oder von einem professionellen Trainer korrigieren lassen. Ein guter Trainer ist übrigens unter anderem daran zu erkennen, daß auch er seinen Sitz, seine Hilfengebung und den Umgang mit dem Pferd ab und zu von einem Co-Trainer oder einem Gehilfen überprüfen läßt.

Umschulung – aber wie?

Die Vorgehensweise beim Umstellungs-Training hängt in erster Linie von den Voraussetzungen ab, die Reiter und Pferd mitbringen. Am einfachsten hat es der Reiter, wenn er kein eigenes Pferd besitzt und deshalb einfach von der konventionellen Reitschule zu einem Westernreitbetrieb wechseln kann. Dort stehen ausgebildete Schulpferde bereit, mit deren Hilfe er sich die Grundkenntnisse des Westernreitens aneignen kann. Viele Reiter besitzen aber eigene Pferde und machen sich nun Gedanken darüber, ob sie ihr englisch ausgebildetes Pferd verkaufen und sich ein Westernpferd anschaffen sollen. Sicherlich kann man sich dadurch die Umschulung des Pferdes ersparen und sich somit konzentrierter seiner eigenen Ausbildung widmen. Doch wer will schon seinen geliebten Vierbeiner weggeben, nur weil er sich für die Westernreitweise entschieden hat? Wenn das Tier für die Westernreitweise nicht völlig ungeeignet ist, spricht nichts dagegen, das Umstellungs-Training gemeinsam mit dem Pferd zu absolvieren. Normalerweise haben die Pferde mit der Umschulung wesentlich weniger Probleme als die Reiter. Die Tiere wissen ja nicht, ob sie western oder englisch geritten werden, sie merken nur, ob ihnen eine Behandlungs- und Reitweise angenehm ist oder nicht.

Die Pferde haben im Westernstil gewöhnlich mehr Freiheiten, sind dabei aber geistig häufig stärker gefordert, weil viele Manöver auf selbständiger Basis ablaufen. Deshalb sind die meisten Pferde erfahrungsgemäß für die Westernreitweise empfänglicher als fürs Englischreiten. In der Regel nehmen die Tiere das Umstellungs-Training sogar sehr dankbar an.

Umsteigen auf ein ausgebildetes Westernpferd?

Ein Pferdewechsel ist in den meisten Fällen nicht notwendig, doch es gibt Situationen, in denen es vernünftiger ist, sich für ein anderes Pferd zu entscheiden, weil sich der bisherige Vierbeiner für die Westernreitweise absolut nicht eignet. Ob man das englisch gerittene Pferd nun verkauft oder behält, hängt von den jeweiligen Umständen ab. Wenn einem das Tier so ans Herz gewachsen ist, daß man es nicht weggeben möchte, kann man mit diesem Pferd durchaus die Englischreitweise beibehalten und sich für das Westernreiten ein zweites, geeignetes Tier anschaffen, sofern man finanziell dazu in der Lage ist. Es ist nämlich sehr wohl möglich, beide Reitweisen parallel zu betreiben, wenn man sich eine gute Basis erarbeitet hat und in seinem reiterlichen

In der Regel ist es nicht notwendig, das englisch gerittene Pferd abzugeben, wenn man western reiten möchte.

Können entsprechend weit fortgeschritten ist. Die meisten Reiter entscheiden sich zwar doch irgendwann für einen Reitstil, aber wer sich von seinem englisch gerittenen Dressur- oder Springspezialisten nicht trennen möchte, kann durchaus parallel dazu eine Westernausbildung durchlaufen.

Wenn man sich als Umsteiger für die Neuanschaffung eines Westernpferdes entschieden hat, ist man gut beraten, sich nach einem bereits ausgebildeten Pferd umzusehen. Von einem solchen Vierbeiner kann der Reiter sehr viel lernen, da ein gut geschultes Pferd nur dann wunschgemäß reagiert, wenn die Hilfen korrekt gegeben werden. Der Reiter lernt also, die Hilfen richtig einzusetzen, weil er an den Reaktionen des Pferdes erkennen kann, ob er etwas falsch gemacht hat. „Ein gutes Schulpferd ist der beste Lehrmeister“, heißt es nicht umsonst. Viele professionelle Reiter bestätigen es immer wieder, daß sie ihr Können größtenteils den Pferden zu verdanken haben und erst in zweiter Linie den Reitlehrern.

Die Anschaffung eines ausgebildeten Westernpferdes birgt jedoch die Gefahr, daß man seine eigene Ausbildung vernachlässigt, solange man mit dem Pferd einigermaßen zurechtkommt. Das kann dazu führen, daß das zuvor möglicherweise recht gut gerittene Pferd im-

Je unerfahrener der Pferdebesitzer ist, desto ratsamer ist es, das Pferd von einem professionellen Westerntrainer ausbilden zu lassen.

mer unsensibler reagiert und sich irgendwann dem Leistungsstand seines Reiters angleicht. Ist der Reiter nicht daran interessiert, sein eigenes Können auszubauen, wird er ein gutes Pferd innerhalb weniger Monate verdorben haben und möglicherweise auch ernsthafte Schwierigkeiten mit dem Vierbeiner bekommen. Es genügt also nicht, sich ein ausgebildetes Pferd zuzulegen und darauf zu vertrauen, daß einem das Tier das Reiten schon beibringen wird. An den eigenen Fähigkeiten muß man immer arbeiten, ganz gleich, ob einem ein bereits ausgebildetes Pferd zur Verfügung steht oder ob man sein Pferd ebenfalls umschulen muß.

Wenn man die Eignung seines eigenen Pferdes als Westernpferd objektiv unter die Lupe genommen hat und zu dem Ergebnis gekommen ist, daß es den Anforderungen und Zielvorstellungen gerecht werden kann, steht der Umschulung des Pferdes auf die Westernreitweise nichts im Wege. Obwohl man mit einem bereits ausgebildeten Westernpferd zumindest am Anfang schnellere reiterliche Fortschritte machen wird, sollte man die Möglichkeit einer gemeinsamen Umschulung sorgfältig prüfen.

Das eigene Pferd muß zwar ebenfalls viele neue Dinge lernen, doch es kann dem Reiter bei der Umschulung trotzdem ein besserer Partner sein als eine Neuerwerbung, die bereits eine perfekte Westernausbildung genossen hat. Zum eigenen Pferd hat man schon Vertrauen, man kennt seine Eigenheiten und kann seine Reaktionen besser einschätzen. Folglich kann man lockerer und leichter lernen. Außerdem kristallisieren sich die Gemeinsamkeiten und Unterschiede der beiden Reitweisen deutlicher heraus, weil man die Reaktionen desselben Pferdes auf beide Reitstile kennenlernt. Zwei Pferde sind niemals exakt miteinander vergleichbar, weil sie nicht nur unterschiedliche Charaktere, sondern auch ein anderes Gangwerk, eine individuelle Bewegungsmechanik und eine abweichende Anatomie mitbringen. Deshalb kann man niemals genaue Vergleiche anstellen. Vom eigenen Pferd weiß man zumindest, welchen Charakter und welches Leistungsvermögen es hat – und natürlich, in welchem gesundheitlichen Zustand es sich befindet.

Das Pferd in Ausbildung geben?

Steht einem ein geeignetes Pferd zur Verfügung, muß man sich auch damit befassen, ob man das Tier zur Westernausbildung in die Hände eines professionellen Trainers geben soll. Diese Überlegung ist um so aktueller, je unerfahrener der Reiter ist. Doch dieser Weg ist nur dann sinnvoll, wenn sich auch der Reiter einer fundierten Ausbildung unterzieht. Kommt das Pferd vom Trainer zurück, ist die Ausgangssituation ansonsten die gleiche wie beim Kauf eines bereits ausgebildeten Pferdes. Der Beritt eines Pferdes kostet viel Geld, und letzten Endes hat man wieder nur Stückwerk, wenn man die eigene Ausbildung vernachlässigt hat.

Es ist nicht einfach, einen geeigneten Ausbilder zu finden, der den Vierbeiner so behandelt, wie man es sich vorstellt. Jeder Reiter hat einen individuellen Reitstil und eine ganz eigene Art, mit Pferden umzugehen.

Der Trainer muß sich auf jeden Vierbeiner neu einstellen, genauso, wie sich das Pferd an einen anderen Reiter gewöhnen muß. Jeder Reiterwechsel bedeutet für das Tier in gewisser Weise auch eine Umstellung. Wenn ein Reiter mit seinen Methoden bestimmte Ziele erreicht, muß ein anderer Reiter mit demselben Pferd nicht unbedingt ebenso erfolgreich sein. Es kann also passieren, daß man mit einem in Beritt gegebenen Pferd im nachhinein ziemliche Schwierigkeiten bekommt, weil es mit der Feinabstimmung nicht mehr klappt, obwohl das Pferd beim Vorreiten durch den Trainer noch wie ein Uhrwerk funktioniert hat. Dem Trainer kann man dabei keinen Vorwurf machen, denn er hat das Tier nur auf seine Hilfen abgestimmt. Er kann ein Pferd gar nicht auf den jeweiligen Besitzer einstellen, wenn er das Tier unter dem Sattel hat. Dies ist einem Trainer nur möglich, wenn er Reiter und Pferd zusammen unterrichtet.

Im Team lernen

Am meisten Spaß macht es mit Sicherheit, die Umschulung zusammen mit dem eigenen Pferd zu absolvieren. Das fördert nicht nur die Beziehung zum geliebten Vierbeiner, sondern auch das eigene reiterliche Vermögen sowie die Fähigkeiten des Pferdes. Dieser Weg ist zwar nicht unbedingt der leichteste, weil man als Reiter nicht nur auf seine eigenen Fehler achten muß, sondern auch noch dafür verantwortlich ist, daß das Pferd die neuen Hilfen korrekt umzusetzen lernt. Doch auf lange Sicht ist diese Variante mit Sicherheit am effektivsten. Die Voraussetzung für ein erfolgreiches gemeinsames Training ist aber ein guter Lehrer, der die Geduld aufbringt, beide – Reiter und Pferd – in die Geheimnisse des Westernreitens einzuweihen.

Die Suche nach einem geeigneten Trainer sollte man in jedem Fall auf sich nehmen, denn er kann bei der Umstellung ein unentbehrlicher Helfer sein. Der Versuch einer Umschulung in Eigenregie geht häufig schief. Das Ergebnis sind auf der Vorhand schlurfende Pferde sowie Reiter mit schlechtem Sitz und einer unsensiblen und keineswegs auf Minimalisierung ausgelegten Hilfengebung. Man wird dabei über das Niveau von sogenannten „Möchtegern-Cowboys" nicht hinauskommen, die im Western-Outfit herumlaufen und glauben, sie bräuchten fürs Westernreiten keinen Lehrer. Sehr oft hört man das Argument: „Ich bin ja nur Freizeitreiter, und für Spazierritte im Gelände reicht mein Können allemal aus." Daß sie ihren Pferden aber nur allzuoft in den Rücken fallen, die Zügel zu hart handhaben und die Sporen gnadenlos einsetzen, wollen diese Reiter meist auch dann nicht wahrhaben, wenn sie darauf hingewiesen werden. Sie wissen es nicht besser und wollen es leider oftmals auch nicht besser wissen. Den „Ausbruch" in die Freiheit, die sich solche Reiter von der vermeintlich lockereren und legereren Reitweise versprechen, müssen dann nicht selten die Pferde mit Unbehagen oder gar Schmerzen bezahlen. Auch die Westernreitweise ist eben nur dann pferdefreundlich, wenn sie korrekt und diszipliniert praktiziert wird. Sie ist kein Freibrief für Leute, die im Marlboro-

Stil ihre Freiheit im Westernsattel suchen.

Um eine fundierte Grundausbildung kommt man deshalb nicht herum, will man nicht tatsächlich auf unterstes Niveau abrutschen und letztendlich womöglich sogar zum Tierquäler werden. Wer sich entschlossen hat, die Umschulung unter der Anleitung eines guten Trainers gemeinsam mit seinem Pferd anzugehen, der hat einen steinigen, aber erfolgversprechenden Weg vor sich. Wenn der Reiter vom Pferd lernt und das Pferd vom Reiter, wird sich zwischen den beiden im Laufe der Zeit eine harmonische Beziehung entwickeln. Besser läßt sich ein Team nicht zusammenschweißen.

Wie findet man aber einen geeigneten Trainer? Nicht jeder erfolgreiche Turnierreiter kommt in Frage, denn gute Reiter müssen ihre Künste nicht unbedingt erfolgreich weitervermitteln können. Gerade im Anfangsstadium ist ein Lehrer wichtig, der sich in den Schüler hineinversetzen und das Können von Pferd und Reiter richtig einschätzen kann. Dabei muß er sehr viel Geduld haben, weil ein Schüler, der die Reitweise wechseln will, zunächst logischerweise immer wie-

Gerade im Anfangsstadium der Umstellung ist ein geduldiger Lehrer wichtig, der sich in den Schüler hineinversetzen kann und dessen Fehler korrigiert.

Man kann bei der Umstellung des Pferdes nur dann auf der vorausgegangenen Basisarbeit aufbauen, wenn diese in der klassischen Ausbildung nicht vernachlässigt wurde.

der in seine alten Gewohnheiten verfällt. Er wird also sehr häufig die gleichen Fehler machen und kontinuierlich korrigiert werden müssen. Ein Reitlehrer, der dabei die Geduld verliert, ist mit Sicherheit nicht der richtige, denn das Anfangsstadium der Umschulung ist für den Schüler schon frustrierend genug. Man sollte sich also nach einem guten Pädagogen umsehen, der außerdem noch beide Reitweisen beherrscht. Das ist notwendig, damit der Lehrer die Probleme, die auf den Schüler und dessen Pferd zukommen können, wirklich kompetent lösen kann. Ein Westerntrainer, der von der englischen Reitweise zu wenig Ahnung hat, kann die Schwierigkeiten bei der Umstellung weder beim Pferd noch beim Reiter richtig erfassen.

Nicht zu unterschätzen ist auch die Hilfe von Reiterkollegen, die bereits vom Englisch- aufs Westernreiten umgestiegen sind. Solche Reiter können aus ihrer eigenen Erfahrung berichten und darum eine wichtige Stütze beim Umstellungs-Training sein.

Ohne Helfer sollte man sich nicht in das Abenteuer der gemeinsamen Umstellung stürzen, weil dabei trotz guter theoretischer Vorbereitung viele Fehler unentdeckt und damit unkorrigiert bleiben würden. Man sollte das Risiko nicht eingehen, vom Englischreiten (ob gut oder schlecht) in einen zweifellos schlechten Westernstil zu verfallen. Ein geeigneter Trainer, gepaart mit fester Entschlossenheit und Durchhaltevermögen, ist die beste Voraussetzung für die erfolgreiche Umstellung von Reiter und Pferd.

Der Ausbildungsstand des Pferdes

Die Unzufriedenheit des Reiters mit der englischen Reitweise kann ihren Grund auch darin haben, daß das Pferd die reiterlichen Leistungserwartungen in der Dressur- oder Springreiterei nicht erfüllt. Dann ist man schnell der Meinung, der vierbeinige Partner sei für das Englischreiten wohl nicht geeignet. Von einer Umstellung auf das Westernreiten verspricht man sich dagegen die Lösung aller Probleme. Tatsächlich hat die Leistungsfähigkeit aber nichts mit der Reitweise zu tun, sondern hängt in erster Linie von der Ausbildung des Pferdes beziehungsweise vom Können des Reiters ab.

Ein im englischen Stil schlecht gerittenes Pferd wird auch in der Westernreitweise nicht viel zustande bringen. Denn unabhängig von der Reitweise sind gewisse Grundlagen für den Ausbildungsstand eines Pferdes entscheidend. Ein Pferd „funktioniert" deshalb sicher nicht besser, wenn man einfach die Reitweise wechselt. Statt dessen muß man an der Basis ansetzen, und die weist in den einzelnen Reitweisen nur unwesentliche Unterschiede auf, da jedes Pferd instinktgemäß reagiert und sich nicht nach den Vorschriften einer Reitweise richtet. Eine disziplinierte Erziehung, zu der auch Elemente wie die Akzeptanz der Reiterhilfen gehören, stellt die Grundlage dar, auf der jede Reitweise aufbauen kann. Wurde die Basisarbeit schon in der klassischen Ausbildung vernachlässigt, kann man beim Wechsel zur Westernreitweise nicht darauf aufbauen. In einem solchen Fall muß man also an den Anfang der Ausbildung zurückgehen und sich einen guten Grundstock erarbeiten. Bei der Umstellung des Pferdes auf die Westernreitweise muß deshalb der Ausbildungsstand des Vierbeiners berücksichtigt werden, damit man das Umschulungs-Training richtig angehen kann. Dabei ist es wichtig, den Ausbildungsstand des Pferdes objektiv einzuschätzen, um Schwierigkeiten während der Umstellungsphase zu vermeiden.

Man wird in einer anderen Reitweise niemals besser mit seinem Vierbeiner zurechtkommen, wenn die Basis nicht stimmt. Die Umstellung wird bei einem Pferd, das eine gute Grundausbildung genossen hat, wesentlich rascher und unkomplizierter vonstatten gehen als bei einem Tier, mit dem man ganz von vorne bei den wichtigsten Grundlagen anfangen muß.

Der Trainingsplan

Wenn man das Umstellungs-Training teilweise in Eigenregie durchziehen möchte und einen Trainer nur zur Unterstützung hinzuziehen kann, ist es ratsam, einen detaillierten Trainingsplan auszuarbeiten. Dieser Plan hilft dem Reiter, eine klare Linie beizubehalten, und er kann motivierend wirken, weil einem Fortschritte bewußter werden. Bei einem solchen Trainingsplan handelt es sich jedoch nicht um ein

Zeitprogramm, das für die einzelnen Umstellungsschritte bestimmte Zeitspannen festlegt. Der Plan strukturiert vielmehr den Aufbau des Trainings, damit man stets das nächste (und nicht das übernächste) Ziel vor Augen hat. Wer zu schnell vorgeht, vernachlässigt leicht die Grundlagen und bleibt folglich irgendwann in einer Sackgasse stecken. Man erreicht auf diesem Weg zwar unter Umständen ein gewisses Niveau, auf dem man dann allerdings stehenbleibt, weil kein Weiterkommen möglich ist, wenn die entsprechende Basis fehlt.

Man sollte sich bewußt machen, über welche Fähigkeiten man selbst verfügt, welche Voraussetzungen das Pferd mitbringt und welche Ziele damit erreicht werden können. Diese Ziele muß man in Relation zum derzeitigen Ausbildungsstand betrachten, um am richtigen Punkt ansetzen zu können. Leider weisen viele englisch ausgebildete Pferde schon bei der Bodenarbeit Defizite auf, so daß man häufig ganz an den Anfang der Pferdeausbildung zurückgehen muß, um eine fundierte Basis für das Western-Training zu schaffen. Es schadet auch bei gut geschulten Pferden nicht, wenn man Basiselemente wiederholt und sich davon überzeugt, daß sie wirklich „sitzen". Wenn das Pferd über eine solide Basisausbildung verfügt, kann man beim Training schneller vorangehen. Die Umstellung wird dann sicher nicht den Zeitraum in Anspruch nehmen, den ein rohes Pferd benötigen würde, um das gleiche Niveau zu erreichen. Ist die Grundlagenarbeit jedoch vernachlässigt worden, oder erkennt man Defizite, muß man tatsächlich bei Null beginnen. Bei schwierigen oder verdorbenen Pferden ist es erfahrungsgemäß sowieso notwendig, mit der Ausbildung ganz von vorne anzufangen.

Nur wenn das Pferd gut vorbereitet wurde, auf jede Hilfe weich und sensibel reagiert und dabei ruhig und zuverlässig, aber dennoch temperamentvoll und fleißig ist, kann man auf die speziellen Unterschiede der beiden Reitweisen eingehen und das Training gezielt auf diese Punkte ausrichten.

Das Umstellungs-Training

Das Basis-Training ist die Voraussetzung für jede weiterführende Ausbildung. So muß man auch bei der Umstellung aufs Westernreiten mit den Grundlagen beginnen.

Die Umschulung von der englischen Reitweise aufs Westernreiten kann niemals abrupt erfolgen, sondern ist immer das Ergebnis eines länger andauernden Trainings. Es ist also unrealistisch, sich von einem Tag auf den anderen vorzunehmen: „Ab heute reite ich western." Bevor man mit dem praktischen Training beginnen kann, muß man die Voraussetzungen abchecken, wobei nicht nur das Pferd gewissen Ansprüchen genügen muß, sondern auch der Reiter die richtige Einstellung mitbringen sollte. Erst dann kann man sich in das Abenteuer der Umschulung stürzen und mit seinem Pferd neue Wege beschreiten, um frischen Schwung in den Reitalltag zu bringen und beim Umgang mit dem Pferd mehr Freude zu haben.

Unterschiede konkretisieren

Man sollte sich die Unterschiede zwischen der englischen Reitweise und der Westernreiterei im Detail klarmachen, um sich beim Training besonders stark auf diese Aspekte konzentrieren zu können. Gerade die konkreten Abweichungen sind es, die das Umstellungs-Training erschweren, da man sich alte, bereits automatisierte Handlungen abgewöhnen und sich gleichzeitig neue Techniken aneignen muß. Wenn einem die Unterschiede in der Theorie klar sind und man auch verstanden hat, weshalb einzelne Aspekte in den beiden Reitweisen anders gehandhabt werden, kann man die Philosophie des Westernreitens viel leichter die Praxis umsetzen.

Das Reiten im Westernstil

Das Westernreiten leitet sich bekanntlich von der Gebrauchsreiterei der Cowboys ab, die viele Stunden täglich im Sattel verbringen mußten und deshalb Pferde mit angenehmen Gängen benötigten. Solche Bewegungen, die ein bequemes Reiten über weite Strecken ermöglichen, wünscht sich auch der heutige Westernreiter. Beim Reiten im Westernstil haben sich verkürzte Gänge herauskristallisiert, die den Reiter im Sattel nicht so stark werfen wie aktionsreichere Bewegungen des Pferdes. Der Trab eines Westernpferdes sollte darum möglichst flach, weich und kräftesparend sein. Die Voraussetzung hierfür bringt ein Pferd mit einer schrägen Schulter bereits von Natur aus mit. In erster Linie ist aber eine entsprechende Ausbildung dafür verantwortlich, wenn ein Pferd ruhige und flache Gangarten anbietet, ohne daß man es ständig in der Geschwindigkeit korrigieren muß. Der flache, verkürzte und kräftesparende Trab des Westernpferdes wird *Jog* genannt.

Der Galopp soll ebenfalls eher langsam ablaufen, den Reiter angenehm sitzen lassen und das Pferd aufgrund der kräftesparenden Bewegungsmechanik auch auf längeren Strecken möglichst wenig ermüden. Diesen ruhigen Galopp darf man jedoch nicht herbeiführen, indem man das Pferd durch Einsatz der Zügel dazu bringt, die Geschwindigkeit zu reduzieren, weil es dadurch auf die Vorhand fallen würde. Der sogenannte *Lope* ist vielmehr das Ergebnis monatelangen Trainings. Es ist nicht möglich, ein Pferd von heute auf morgen vom

Der langsame Lope ist kräftesparend und kann deshalb über weitere Strecken beibehalten werden, ohne daß das Pferd ermüdet.

bisherigen „Normalgalopp" auf den *Lope* umzustellen. Obwohl die langsamen Gangarten – die übrigens auch ihren Teil dazu beitragen, daß das Westernreiten so locker und lässig aussieht – erwünscht sind, muß es auch möglich sein, einen kontrollierten Mitteltrab oder gar einen Renngalopp zu reiten, wenn es die Umstände oder bestimmte Trainingsziele erfordern. Der Westernreiter arbeitet deshalb sehr stark an der Geschwindigkeitskontrolle innerhalb der Gangarten. Jedes Westernpferd sollte auf die entsprechende Aufforderung hin darum auch schneller traben als galoppieren können oder sich im Trab langsamer bewegen als üblicherweise im Schritt.

Der Schritt des Westernpferdes stellt eine Ausnahme dar, denn er sollte keineswegs langsam, sondern weit ausgreifend und fleißig sein. Man ist in der Westernreiterei immer darauf bedacht, mit wenig Aufwand und geringem Krafteinsatz möglichst weite Strecken hinter sich zu bringen. Vor allem im Schritt muß man deshalb auf eine aktive

Hinterhandarbeit achten. Im Schritt soll das Pferd weit ausgreifen, sich aber nicht hektisch bewegen. Ein hektischer Schritt ist nicht durch Raumgriff, sondern durch viele schnelle und kurze Schritte gekennzeichnet. Da der Reiter im Schritt auch bei schnelleren Tempi angenehm sitzen kann, wären verkürzte Gänge in diesem Fall unsinnig. Ein fleißiger Schritt ist für einen aktiven Hinterhandeinsatz wichtig, denn hier kommt die Schubkraft aus den Hinterbeinen besonders zum Tragen.

Da das Westernreiten auf das Bewältigen langer Strecken ausgelegt ist, sollte der Reiter möglichst ermüdungsfrei sitzen können. Deshalb sind alle Hilfen auf signalartige Zeichen reduziert, die dem Reiter weder permanenten Krafteinsatz noch ständige Konzentration abverlangen. Das Pferd hat gelernt, eine einmal gewählte Gangart selbständig beizubehalten, ohne durch einen ständigen Schenkeldruck dazu aufgefordert zu werden. Nur wenn er die Richtung, die Geschwindigkeit oder die Gangart ändern möchte, muß der Reiter aktiv werden. Bei gleichmäßiger Geschwindigkeit und einmal „eingestelltem" Pferd sind weitere unterstützende Maßnahmen nicht notwendig, um die gewünschte Gangart und Richtung beizubehalten.

Diese sanfte Art des Reitens, die zwischendrin echte Erholungsphasen zuläßt, macht es dem Reiter möglich, sich richtig zu entspannen und somit Spaß am Reiten zu finden. In den reiterlichen Passivphasen, in denen das Pferd selbständig arbeitet und nicht auf die Hilfen des Reiters angewiesen ist, kann man das Reiten so richtig genießen. Damit ist es auch einfacher, sich einen lockeren, entspannten und somit bequemen Sitz anzueignen, der für ein feinfühliges Reiten ebenso notwendig ist wie die korrekt eingesetzten Hilfen.

Die Sache mit der Versammlung

Ein sehr deutlicher Unterschied zwischen der Englisch- und der Westernreitweise zeigt sich in der Haltung des Pferdes. Während das englisch gerittene Pferd am anstehenden Zügel und korrekterweise in einer mehr oder weniger starken Versammlung geritten wird, bewegt sich das Westernpferd überwiegend am losen Zügel in seiner natürlichen Selbsthaltung. Viele Westernreiter vertreten die Meinung, daß sie ihre Pferde nicht in eine unnatürliche Haltung zwingen wollen. Die Dressurreiter lassen dagegen verlauten, ein nicht versammelt gerittenes Pferd liefe auf der Vorhand, so daß diese auf Dauer überlastet würde. Was ist nun richtig, und ist die Versammlung tatsächlich notwendig?

Zur Klärung dieser Frage soll der Begriff Versammlung zunächst einmal näher erläutert werden. In der Versammlung „verkürzt" sich das Pferd, indem es die Hinterhand unter den Körper schiebt, es wölbt den Rücken auf und kippt den Kopf im Genick ab. Der Gewichtsschwerpunkt wird weiter nach hinten verlagert und die Hinterhand verstärkt zum Tragen herangezogen. Dies hat eine Entlastung der Vorhand zur Folge, so daß die mit der Versammlung in Verbindung stehenden Aufrichtung zustande kommt.

Diese Gewichtsverlagerung auf

die Hinterhand will man erreichen, weil das zusätzliche, unnatürliche Gewicht des Reiters die Vorhand des Pferdes auf Dauer überlasten würde. Das Pferd findet demnach über die Versammlung in sein Gleichgewicht zurück. Je stärker die Versammlung ist, desto mehr Gewicht trägt das Pferd mit der Hinterhand. Eine starke Versammlungshaltung ermöglicht es dem Pferd, Übungen in extrem verkürzten Gängen bis hin zu Lektionen auf der Stelle wie zum Beispiel die Piaffe auszuführen. Die Versammlung ist deshalb die Vorbedingung für jede höhere Ausbildung im Bereich der klassischen Dressur. Sie verbessert außerdem das Gleichgewicht, die Elastizität und die Gewandtheit des Pferdes.

ihm die Vorhand durch das zusätzliche Reitergewicht stärker belastet wird. Schließlich wären die in der Westernreitweise üblichen Manöver wie *Spin*, *Roll back* oder *Sliding stop* nicht ausführbar, wenn das Pferd sein Gewicht nicht auf die Hinterhand verlagern würde. Und auch das Geländepferd muß sich unter dem Reiter neu ausbalancieren und seinen Schwerpunkt – wenn auch nicht extrem – nach hinten legen, damit die Vorhand entlastet wird. Eine starke Versammlung nach Art der klassischen Dressur ist jedoch nicht notwendig. Vielmehr wird beim Gelände- und Westernpferd die sogenannte „natürliche Methode" angewandt, bei der das Pferd von selbst ins Gleichgewicht kommt.

VON HINTEN NACH VORNE REITEN

Die Versammlung erreicht man nicht, indem man den Kopf des Pferdes mit den Zügeln in die erwünschte Haltung zwingt, sondern indem man das Tier mit den Schenkeln gegen die anstehenden Zügel treibt. Das Pferd wird quasi von hinten nach vorne zusammengeschoben. Der Schwung darf dabei nicht verlorengehen.

Da man sich als Umsteiger aufs Westernreiten aber nun einmal entschieden hat, der klassischen Dressur den Rücken zu kehren, will man weder eine Piaffe noch eine Pirouette reiten. Statt dessen möchte man es dem Pferd gestatten, am losen Zügel in natürlicher Selbsthaltung zu gehen. Das Pferd soll seinen Kopf frei zur Seite wenden können und nicht in eine bestimmte Haltung gezwungen werden.

Ein gewisser Grad an Versammlung ist aber für das Westernpferd ebenfalls notwendig, weil auch bei

Dabei verzichtet der Reiter auf ständige Schenkel- und Zügelhilfen. Statt dessen unterstützt er das Pferd beim Finden seines Gleichgewichts, indem er dem Tier entsprechende Aufgaben stellt, bei denen es seine Hinterhand verstärkt einsetzen muß. Zu den Übungen zur „natürlichen Versammlung" zählen beispielsweise das Anhalten mit anschließendem Rückwärtstreten oder das Reiten in abwechslungsreichem Gelände mit wechselnder Bodenbeschaffenheit und vielen Steigungen und Abhängen. Auch häufige Gangartenwechsel erfordern einen aktiven Einsatz der Hinterhand, die dabei verstärkt zum Tragen herangezogen wird.

Das auf diese Weise erzielte Gleichgewicht reicht allerdings für die verkürzten Gangarten des Dressurreitens nicht aus. Dafür ist ein in „natürlicher Haltung" gerittenes Pferd gerade im Gelände aufgrund seiner Selbständigkeit in der Regel deutlich gewandter als ein auf dem Dressurplatz in extremer Versammlung geschultes Tier.

Möchte man sein Pferd aber möglichst vielseitig ausbilden, wird man es sowohl in der klassischen

Ein bestimmtes Maß an Versammlung ist auch für das Westernpferd notwendig. Zur Vorbereitung bieten sich Manöver wie das Rückwärtsrichten an, die die Hinterhandaktivität fördern.

DER FALSCHE KNICK

Eine der schwierigsten Aufgaben in der Reiterei besteht darin, ein Pferd korrekt zu versammeln und damit ins Gleichgewicht zu bringen. Dabei macht der Reiter sehr häufig den schwerwiegenden Fehler, am Zügel zu ziehen. Damit wird dem Pferd der Schwung genommen, es wird praktisch „von vorne nach hinten" geritten. Auf diese Weise kann ein Pferd niemals untertreten und die Hinterhand korrekt einsetzen. Diese erzwungene Beizäumung hat Verspannungen, Abstumpfung und nicht selten Abwehrreaktionen des Pferdes zur Folge.
Zu frühe und falsche Versammlungsbemühungen, bei denen der Reiter lediglich versucht, den Kopf in die gewünschte Haltung zu zwingen, bewirken in Verbindung mit einer zu harten, gefühllosen Hand und vielleicht noch einem scharfen Gebiß oft den sogenannten „falschen Knick". Das Pferd gibt dabei nicht im Genick nach, sondern kippt in der Mitte des Halses (zwischen dem zweiten und dritten Halswirbel) ab. Dort entsteht dann auch der höchste Punkt, den aber eigentlich das Genick bilden sollte. In dieser Haltung gehen die Pferde häufig hinter dem Zügel, wobei sie sich aus Angst vor der harten Reiterhand förmlich verkriechen, und rollen sich auf. Die Folge davon ist wiederum, daß die Pferde auf die Vorhand fallen, weil die Hinterhand nicht aktiviert, sondern die Tiere nur vorne gebremst wurden. Die Gänge verlieren an Schwung, und der Rücken des Pferdes wird geschwächt.

Versammlung als auch in der „natürlichen Methode“ schulen müssen. Dabei verwischen sich beide Versammlungswege, während sie sich zugleich gegenseitig ergänzen und unterstützen, denn schließlich haben beide dasselbe Ziel: das Gleichgewicht von Reiter und Pferd.

Der ambitionierte Westernreiter, der sein Pferd auch auf Turnieren vorstellen will und dabei schwierige Manöver ausführen muß, arbeitet häufig nach dem Prinzip der Vermischung, denn *Spin*, *Roll back* und *Sliding stop* sind Manöver, die einen extremen Hinterhandeinsatz nötig machen, wofür wiederum ein verstärktes Maß an Versammlung erforderlich ist. Folglich ist es wichtig, auch das hochklassige Westernpferd im Training des öfteren *collected* zu reiten, es also vermehrt mit den Schenkeln an den anstehenden Zügel heranzutreiben, um es stärker zu versammeln.

Schwierige Reiningmanöver wie Sliding stop, Roll back oder Spin erfordern einen stärkeren Hinterhandeinsatz und somit eine extremere Versammlung. Darum arbeiten viele professionelle Trainer nach dem „verwischenden“ Prinzip.

Der falsche Knick entsteht durch zu starkes Hereinzwingen des Kopfes: Das Pferd rollt sich auf und geht hinter dem Zügel.

Jedes Reitpferd muß bis zu einem bestimmten Grad versammelt werden, um den Verschleiß der Sehnen und Gelenke an den Vorderbeinen sowie des Rückens zu verhindern. Dressurpferde benötigen eine relativ starke Versammlung, weil sie in ihren Lektionen von der Schub- und Tragkraft der Hinterhand abhängig sind. Um seine Aufgaben erfüllen zu können, muß jedes Pferd eine gewisse Muskulatur entwickeln, die man durch entsprechende Übungen und korrekte Versammlung trainieren kann. Ob ein Pferd die gewünschten Aufgaben allerdings ausführen kann und wie extrem es dafür versammelt werden muß, hängt auch vom Exterieur ab. Sogenannte Barockpferde wie Lipizzaner oder Lusitanos verfügen beispielsweise über einen kurzen Rücken, eine abfallende Kruppe, eine von Natur aus relativ hohe Aufrichtung und wenig Raumgriff. Sie sind deshalb für die Lektionen der Hohen Schule geradezu prädestiniert. Die für solche Aufgaben notwendige Versammlung ist mit Vertretern dieser Rassen leichter zu erreichen als mit einem „Rechteckpferd“ wie dem langrückigen, großrahmigen deutschen Warmblüter, der sich durchaus hervorragend als Springpferd eignen mag. Das quadratische, kurze Quarter Horse muß für die Lektionen der Westernreiterei nicht extrem versammelt werden, da es meistens in der Lage ist, sein Gewicht selbständig auf die Hinterhand zu verlagern.

Jedes Pferd eignet sich für bestimmte Zwecke besonders gut und für andere schlechter. Deshalb sollte man auch jeden Vierbeiner seinen Talenten und Fähigkeiten entsprechend fördern. Nur die für das Westernreiten geeigneten Rassen können ohne starke Versammlungsarbeit auskommen. Die Versammlung ist zwar bei jedem Pferd notwendig, doch Rasse und Reitweise bestimmen das Ausmaß der erforderlichen Beizäumung.

Zurück zur Basis!

Da jedes Pferd und jeder Reiter andere Voraussetzungen mitbringt, können beim Umstellungs-Training nicht für alle die gleichen Regeln gelten. Eine individuelle Schulung ist notwendig, und jeder Reiter sollte selbst wissen, an welchen Punkten er bei der Umstellung ansetzen muß. Da es bei vielen Pferden (aber auch Reitern) schon an der Grundausbildung mangelt, müssen oftmals Versäumnisse nachgeholt werden, damit eine fundierte Weiterbildung möglich ist. Es ist deshalb in vielen Fällen erforderlich, beim Umstellungs-Training ganz von vorne zu beginnen. Der Ausbildungsweg kommt dem eines rohen Pferdes nahe, wobei man das Training zügiger durchziehen kann, wenn das bereits in der englischen Reitweise ausgebildete Pferd gewisse Grundkenntnisse mitbringt. Für Aspekte, in denen sich das Westernreiten sehr stark vom Englischreiten unterscheidet, benötigt man allerdings unter Umständen auch eine längere Ausbildungsphase, als dies bei einem rohen Pferd der Fall wäre. Die Macht der Gewohnheit steht dabei einer schnellen Vorgehensweise im Weg, denn das Pferd benötigt fürs Umlernen viel Zeit. Die Ausbildungsschwerpunkte der einzelnen Reitweisen sind außerdem in vielen Punkten anders gelagert, so daß die Wiederholung der Basisarbeit kaum zu umgehen ist.

Die Bodenarbeit

Schon bei der Bodenarbeit gibt es teilweise extreme Unterschiede zwischen den Reitweisen. Häufig geben sich die Englischreiter damit zufrieden, ihre Pferde durch Longieren mit Ausbindern auf das Reiten vorzubereiten. Die Tiere lernen dabei zwar die Stimmkommandos für das Antreten, Traben, Galoppieren und Anhalten, werden aber meist nur unzulänglich dazu erzogen, auf eine verbale Aufforderung hin ruhig stehenzubleiben oder rückwärts zu gehen. Da die Gymnastizierung des Pferdes im Vordergrund steht, bleiben Gehorsam und Disziplin nicht selten auf der Strecke. Der unbedingte Gehorsam allein auf stimmliche Kommandos und ein grundsätzlich diszipliniertes Verhalten sind dagegen Schwerpunkte in der Ausbildung des Westernpferdes. Sie stellen nicht nur die Basis für schwierige Westernmanöver dar, sondern bilden auch den Grundstock für die Sicherheit des Reiters beim Umgang mit dem Pferd und beim Reiten.

Aus diesen Gründen beginnt die Ausbildung des Westernpferdes – und meist auch die Umschulung – mit dem Führen. Es genügt, dem Pferd ein Halfter mit Führstrick anzulegen und sich mit einer circa 120 Zentimeter langen Gerte zu „bewaffnen". Die Gerte dient lediglich als verlängerter Arm des Ausbilders und darf niemals als Zwangsmittel zum Einsatz kommen.

Läßt sich das Pferd bereits gut führen und geht es am Führstrick in einem angemessenen Abstand willig neben dem Menschen her, kann man den Schwerpunkt darauf legen, es verstärkt auf die stimmlichen Kommandos des Ausbilders zu schulen. Damit man das Stop-Manöver später vom Sattel aus ohne Einwirkung der Zügel ausführen kann, muß man dem Pferd schon vom Boden aus beibringen, allein auf eine verbale Aufforderung hin stehenzubleiben.

Bislang hat das Pferd primär auf die Körpersprache des Menschen reagiert und ist beim Führen erst dann stehengeblieben, wenn der Ausbilder abgestoppt hat. Nun soll es auf das Stimmkommando hin zum Stillstand kommen, ganz unabhängig davon, ob der Ausbilder dabei auch anhält oder nicht. Die Westernreiter haben dafür das Kommando „Whoa" gewählt. Wenn man bisher schon mit Stimmkommandos gearbeitet hat, kann man aber auch beim gewohnten „Halt" oder „Steh" bleiben.

Zunächst führt man das Pferd wie gewohnt und fordert es schließlich mit der Stimme zum Anhalten auf, während man selbst unbeirrt weitermarschiert. Sicherlich wird das Tier zunächst keine Anstalten machen stehenzubleiben, weil es nicht gelernt hat, auf die Stimme zu reagieren, sondern sich bisher nach der Körperposition des Menschen gerichtet hat. Deshalb muß man die stimmliche Aufforderung anfangs noch mit der Körpersprache unterstreichen, wobei man die Gerte zur Hilfe nehmen kann. Circa eine Sekunde nach der stimmlichen Aufforde-

IMMER ERST DAS STIMMKOMMANDO!

Soll ein Pferd allein auf das Stimmkommando seines Reiters reagieren, muß es lernen, die Sprache des Menschen zu deuten. Das ist für das Tier zunächst schwieriger, als sich an der Körpersprache zu orientieren, die ja das hauptsächliche Kommunikationsmittel der Pferde ist. Das Pferd muß also eine Denkleistung erbringen, und dafür benötigt es Zeit. Deshalb sollte man dem Pferd nach der Aufforderung ein bis zwei Sekunden Zeit lassen, damit es die Möglichkeit hat, auf das Stimmkommando zu reagieren.

Damit sich das Pferd das verbale Kommando einprägen kann, muß die Stimme unbedingt vor allen anderen unterstützenden Maßnahmen (Körpersprache, Gertenhilfe) eingesetzt werden. Nur wenn das Pferd auf das stimmliche Kommando nicht reagiert hat, hilft man mit anderen Verständigungsmitteln nach.

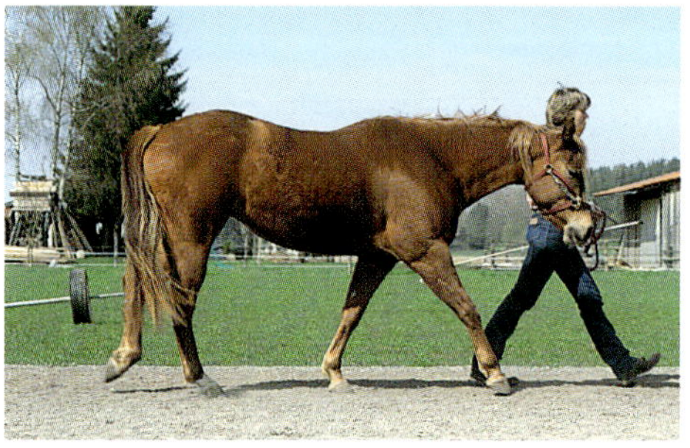

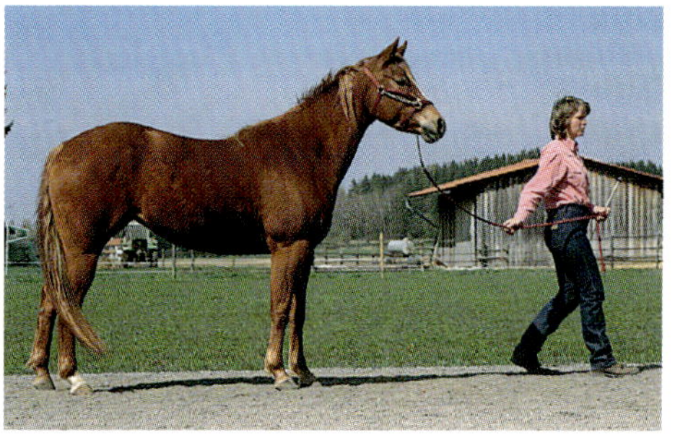

Das erste Umstellungsziel besteht darin, daß sich das Pferd nicht mehr an der Körperposition des Menschen orientiert, sondern allein auf das stimmliche Kommando stehenbleibt.

rung (das Pferd muß Zeit bekommen, allein schon auf die Stimme zu reagieren) hält man die Gerte quer vor die Brust des Pferdes, bevor man nun auch selbst stehenbleibt. Im Laufe der Zeit wird das Tier schließlich nur noch auf das Stimmkommando reagieren und sich nicht mehr an der Körperposition des Ausbilders orientieren. Damit hat man das erste Ausbildungs- beziehungsweise Umstellungsziel erreicht.

Nun ist der Ausbilder in der Lage, das Pferd auch aus größerer Entfernung zu steuern, weil ein Zuruf genügt, um das Tier zum Stehenbleiben zu veranlassen. Beim Führen kann der Reiter jetzt alleine durch seine Stimme einen konsequenten Stop herbeiführen, während er selbst weiterläuft. Dies ist beispielsweise auch eine wichtige Vorübung für das spätere *Ground tying*, eine Gehorsamsübung der Westernreiter (siehe Seite 81). Daß das Pferd nur auf das Stimmkommando reagiert, hat aber in erster Linie den Sinn, es auch vom Sattel aus steuerbar zu machen. Auf diese Weise kann man dem Pferd die Zügel- und Schenkelhilfen schneller verständlich machen. Außerdem können Zügel-, Schenkel- und Gewichtshilfen von Anfang an als unterstützende Maßnahmen gelten und darum sehr sparsam eingesetzt werden.

Die Kommandos zum Losmarschieren, Rückwärts- und Seitwärtstreten können auf ähnliche Weise übermittelt werden wie die Aufforderung zum Stoppen. Zum Antreten verwendet man das Kommando „Komm" oder „Schritt". Der Ausbilder wartet nach dem Stimmkommando, bis das Pferd einen Schritt getan hat, bevor er selbst losgeht. Dadurch hat das Tier die Chance, allein auf das Stimmkommando zu reagieren. Anfangs kann es hilfreich sein, die Hinterhand zur Unterstützung leicht mit der Gerte anzutippen.

Das Longieren ist ebenfalls eine gute Übung, um die Reaktionen auf die Stimmkommandos zu trainieren. Außerdem dient die Arbeit an der

Die Arbeit vom Boden aus stellt die Basis der Westernpferdeausbildung dar.

Longe der weiterführenden Gymnastizierung. Im Zuge des Umstellungs-Trainings kann das Pferd an der Longe gut lernen, sich ohne Zügelanlehnung auszubalancieren – allerdings nur, wenn es ohne Ausbinder longiert wird. Nur so kann sich das Pferd strecken und auf dem Kreisbogen sein Gleichgewicht in der natürlichen Selbsthaltung finden. Das Longentraining ohne Ausbinder ist außerdem ein sehr guter Einstieg, um das Pferd mit der losen Zügelführung vertraut zu machen. Dabei sollte man jedoch immer auf eine gute Hinterhandaktivität achten, das Pferd soll nicht dazu verleitet werden, auf die Vorhand zu fallen.

Wirkt das Pferd extrem „kopflastig", kann vorübergehend eine spezielle Ausbindeart hilfreich sein, bei der sich das Tier nicht auf den Zügel legen kann (siehe auch Seite 85). Dabei werden offene *Split reins* zwischen den Vorderbeinen hindurch und links und rechts vom Pferd nach oben geführt, bevor man sie auf dem Pferderücken miteinander verknotet. Durch die Bewegungen der Vorderbeine wird ein wechselseitiger Impuls auf das Pferdemaul übertragen. Das Pferd hat keine andere Möglichkeit, als diesem Druck durch Nachgeben auszuweichen. Die Zügel dürfen dabei aber unter keinen Umständen zu kurz verknotet werden. Das Pferd muß genügend Spielraum haben,

Bei dieser Ausbindeart wird durch die Bewegungen der Vorderbeine wechselseitig ein Impuls auf das Pferdemaul übertragen.

Das Longentraining ohne Ausbinder ist ein sehr guter Einstieg, um das Pferd an den losen Zügel heranzuführen.

um seine Nase mindestens fünf Zentimeter vor der Senkrechten zu tragen. Diese Ausbindeart sorgt auch dafür, daß das Pferd den Kopf nicht in die Höhe werfen kann. Hält das Tier den Kopf tief, bleibt der Zügel wirkungslos. Ansonsten lernt es, dem Gebißdruck zu weichen, den Rücken herzugeben und seinen Schwerpunkt verstärkt auf die Hinterhand zu verlagern.

Das Auf- und Absteigen

Vielen Reitern erscheint es nebensächlich, auf welche Weise sie auf den Pferderücken und wieder herunter kommen. Doch die stilgerechte Art des Auf- und Absteigens ist sehr wichtig, weil sie zur Sicherheit des Reiters beiträgt. Als Englischreiter hat man gelernt, sich mit dem Gesicht zum Schweif neben dem Pferd zu positionieren, den linken Fuß in den Bügel zu schieben und sich beim Aufsteigen um 180 Grad zu drehen, damit man schließlich korrekt im Sattel zu sitzen kommt. Beim Absteigen nimmt man beide Beine aus den Bügeln und springt vom Pferderücken.

Der Englischreiter stellt sich zum Aufsteigen mit dem Gesicht zum Schweif neben das Pferd.

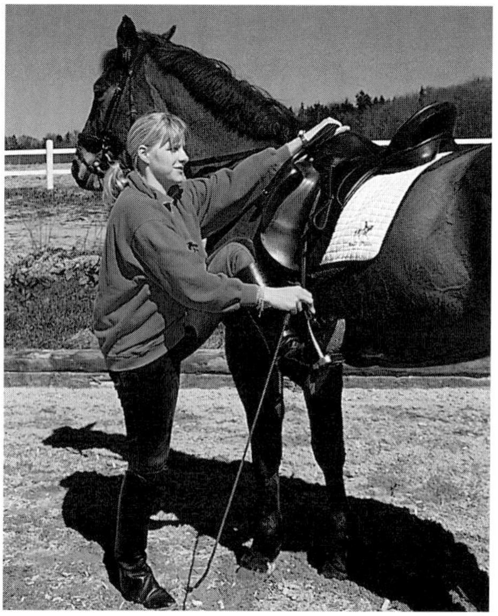

In der Westernreitweise steigt man mit Blick zum Pferdekopf auf.

Ganz anders sieht die Methode beim Westernreiten aus: Zum Aufsteigen stellt man sich so neben den Vierbeiner, daß man mit dem Gesicht zum Pferdekopf blickt. Dabei kann man die Stimmungen des Pferdes schon anhand seiner Mimik erkennen und ist auf einen eventuellen Fluchtversuch oder ein unruhiges Zappeln gefaßt. Der linke Fuß wird in den schon in korrekter Position hängenden Steigbügel geführt, und man drückt das Knie fest an den *Fender* des Sattels. Damit sorgt man dafür, daß man dem Pferd während des Aufsteigens nicht versehentlich mit der Zehenspitze in den Bauch kickt. Die linke Hand liegt am Widerrist und umfaßt die locker durchhängenden Zügel. Mit der rechten Hand hält man sich am *Cantle* fest. Steht das Pferd ruhig und sicher, stößt man sich mit dem rechten Fuß kräftig vom Boden ab und zieht sich am Sattel hoch. Man versucht dabei, seinen Oberkörper sofort über den Sattel zu schieben, damit das Gesamtgewicht möglichst schnell über dem Schwerpunkt des Pferdes liegt und der Sattel nicht auf die linke Seite rutscht. Nun greift die rechte Hand vom *Cantle* zur *Fork* um und stützt den Körper ab, während man das rechte Bein über den Pferderücken schwingt und anschließend weich und langsam einsitzt.

Es gehört zur konsequenten Erziehung eines Westernpferdes, daß man das Aufsteigen sofort abbricht, wenn das Pferd wegzulaufen versucht. Man korrigiert das Tier geduldig, indem man es rückwärtsrichtet, bis es am ursprünglichen Platz zum Stehen kommt. Dann wird es mit dem verbalen Kommando „Whoa" konsequent zum Stillstehen aufgefordert, bevor man einen neuen Versuch startet. Oft muß das Pferd einige Ausgleichsschritte machen, wenn der Reiter die linke Sattelseite zu stark belastet und das Tier dadurch aus dem Gleichgewicht bringt oder wenn er beim Aufsitzen seine Fußspitze in den Pferdebauch bohrt. Deshalb sollte man darauf achten, daß man das Knie fest gegen den Sattel drückt, dabei dicht am Pferd steht und das eigene Gewicht schnell über (nicht in) den Sattel bringt. Außerdem ist es wichtig, daß das Pferd einen sicheren Stand hat.

Nach dem Aufsitzen läßt man das Pferd einige Sekunden ruhig stehen, bevor man das Kommando zum Antreten gibt. Der Vierbeiner muß die Aufforderung zum Losmarschieren abwarten, ansonsten gewöhnt er es sich schnell an, schon während des Aufsitzens loszulaufen. Das kann für den Reiter gefährlich sein, weil er im Bügel hängenbleiben oder das Gleichgewicht verlieren kann. Außerdem hat der Reiter das Pferd während des Aufsteigens nicht unter absoluter Kon-

VORSICHT BEIM AUSBINDEN MIT SPLIT REINS!

Führt man die Split reins beim Ausbinden zwischen den Vorderbeinen hindurch und verknotet sie am Rücken, kann das Pferd unter Umständen in die lockeren Zügel treten, wenn es den Kopf tief zum Boden herunternimmt. Bei Pferden, die ihren Kopf schon von sich aus sehr tief tragen, kann man auf das Ausbinden ohnehin verzichten.

Der Englischreiter nimmt beim Absteigen beide Füße aus den Bügeln.

trolle. Jeder fortgeschrittene Reiter sollte zwar auch beim Aufsteigen mit der linken Hand, in der er die Zügel hält, agieren können, doch die Korrektur mit dem Zügel kann immer nur unzureichend sein, weshalb man nur in Notfallsituationen zu dieser Maßnahme greifen sollte. Deshalb muß man immer ein konsequentes Stillstehen verlangen, und zwar nicht nur so lange, bis man im Sattel sitzt, sondern bis man das Kommando zum Antreten gegeben hat. Der Reiter muß die Zeit haben, die Zügel zu sortieren und die Füße in den Steigbügeln zu positionieren, bevor es losgeht.

Das Absteigen erfolgt in umgekehrter Reihenfolge. Zunächst muß das Pferd wieder ruhig stehen, bevor man den rechten Fuß aus dem Steigbügel nimmt, sich nach vorne beugt und das rechte Bein über den Sattel schwingt. Die linke Hand liegt mit den Zügeln am Widerrist, die rechte stützt sich auf der *Fork*

Oben: Der Westernreiter bleibt beim Absteigen mit dem linken Fuß im Bügel, bis er mit dem rechten Bein sicher auf dem Boden steht.

Unten: So kann er sich in einer kritischen Situation auch in dieser Phase noch in den Sattel ziehen.

ab. Das linke Knie drückt man fest gegen den Sattel, während man langsam am Pferd nach unten gleitet. Hat man mit dem rechten Bein einen sicheren Stand erlangt, nimmt man den linken Fuß ebenfalls aus dem Steigbügel.

Das Abspringen vom Pferd ist gefährlicher als das Absteigen in der beschriebenen Weise, weil man während des Sprungs keinerlei Kontrolle über das Pferd hat. Bleibt man beispielsweise mit einem Kleidungsstück hängen, kann man nicht mehr reagieren. Während des Abspringens kann man ein erschreckendes Pferd nicht halten. Beim Absteigen hat man seine Augen dagegen immer auf die Pferdeohren gerichtet und kann sich im Notfall auch schnell wieder in den Sattel ziehen, wenn das Pferd zusammenzuckt und weglaufen will oder man mit der Kleidung hängenbleibt. Letzteres sollte zwar nicht passieren, weswegen man niemals zu weite Kleidung tragen sollte. Kommt es aber doch einmal dazu, kann man durch geordnetes Absteigen wenigstens Schlimmeres verhindern.

Ein ruhig stehendes Pferd ist beim Auf- und Absteigen oberstes Gebot. Solange das Tier nicht stillsteht, darf man weder auf- noch absitzen.

Der Sitz des Reiters

Der Umsteiger wird sich im Westernsattel anfangs nicht besonders wohl fühlen, da er einfach nicht daran gewöhnt ist. Doch den meisten Reitern erscheint der Westernsattel bald bequemer als der Englischsattel, sobald sie einige Zeit damit geritten sind. Vor allem die ungewohnte Bügellänge bereitet vielen Umsteigern Probleme, denn

Der Sitz des Westernreiters ist nahezu identisch mit dem des Dressurreiters.

beim Westernreiten werden die Steigbügelriemen in der Regel etwas länger geschnallt als in der englischen Reitweise. Die Dressurreiter sitzen allerdings ebenfalls mit relativ langen Beinen im Sattel, so daß sich der Dressursitz und der des Westernreiters ziemlich stark ähneln.

Ein langes Reiterbein gewährleistet einen tiefen und damit sicheren Sitz im Sattel, doch längere Bügel können dem Umsteiger anfangs schwer zu schaffen machen. Wer nicht daran gewöhnt ist, wird häufig die Steigbügel verlieren, weil er immer wieder mit den Knien Halt am Sattel sucht und dabei automatisch das Bein etwas hochzieht. Da sich am Westernsattel keine Sattelpauschen befinden, die ein Hochziehen des Knies verhindern würden, zieht der Reiter infolge davon häufig auch die Fersen hoch und kann somit nicht mehr korrekt sitzen. Für den Umsteiger ist es deshalb wichtig, gerade in der Anfangsphase der Westernausbildung an ein tiefes Knie zu denken, das für ein langes Reiterbein und tiefe Fersen verantwortlich ist. Dadurch kommt man tief im Sattel zu sitzen, was wiederum die Voraussetzung für eine sichere Position ist.

Die Pauschen des Englischsattels geben dem Reiterknie zusätzlichen Halt.

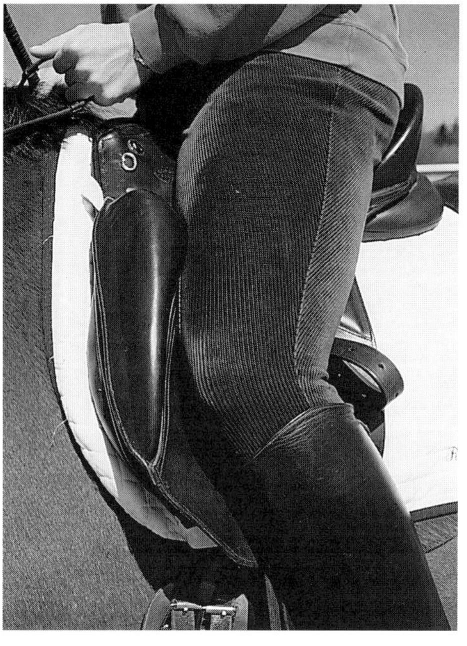

Der Sitz des Westernreiters unterscheidet sich ansonsten kaum vom Dressursitz: Ferse, Hüfte und Schulter sollten eine senkrechte Linie bilden. Die Füße werden parallel zum Pferdekörper gehalten, wobei man die Zehenspitzen normalerweise etwas nach innen wenden muß, um diese Haltung zu erreichen. Dabei wird das Knie automatisch leicht an den Sattel gedrückt, so daß man auch ohne Pauschen einen guten Halt hat. Der Oberkörper wird aufrecht gehalten, die Ellenbogen liegen locker am Körper, und die Unterarme bilden die Verlängerung der Zügellinie. Mit dem Gesäß sollte man das *Cantle* nicht berühren, da man sonst das Becken nicht abkippen könnte, um Gewichtshilfen zu geben.

Obwohl die reiterliche Haltung in den meisten Westerndisziplinen (außer Horsemanship) keiner Bewertung durch die Richter unterliegt, sollte man sich immer um einen guten Sitz bemühen, denn er unterstützt die Manöver des Pferdes. Ein schlechter Sitz behindert dagegen die Bewegungen des Pferdes, hemmt jede weiterführende Ausbildung und kann zu einer falschen und gesundheitsschädigenden Belastung des Pferderückens führen. Von ästhetischen Gesichtspunkten einmal ganz abgesehen, sollte die Gesundheit des Pferdes jedem Reiter Grund genug sein, auf einen guten Sitz zu achten.

Die Hilfengebung

Auch wenn man sich in allen Reitweisen um die Minimalisierung der Hilfengebung bemüht, unterscheidet sich die Technik im englischen Reitstil doch erheblich von der des Westernreitens. Beim Englischreiten kommt es darauf an, jeden Schritt, Tritt oder Sprung des Pferdes einzeln herauszureiten, wobei der Reiter für jede Aktion des Pferdes erneute Hilfen gibt. In der Westernreitweise setzt man dagegen auf eine signalartige Hilfengebung, bei der ein einmaliges Zeichen des Reiters ausreichen muß, um das gewünschte Manöver abzurufen.

AKTIV UND PASSIV REITEN

So mancher Westernreiter mußte schon herbe Kritik einstecken und sich den Vorwurf gefallen lassen, er ließe sich vom Pferd nur herumtragen, statt aktiv zu reiten. Ein aktiver Reiter könne das Pferd mit seinen Hilfen aber viel besser bei der Arbeit unterstützen.
Die tatsächlich eher passive Westernreitweise hat aber nichts mit Faulheit zu tun, denn der Westernreiter ist durchaus gefordert, sein Pferd zu unterstützen, wenn er es gymnastiziert oder bestimmte Übungen trainiert. Die Hilfen müssen exakt dosiert werden, dürfen aber nicht übermäßig eingesetzt werden, weil das Pferd ansonsten dagegen abstumpfen würde. Der Reiter muß genau hinspüren und sich stark konzentrieren, um die Signale im richtigen Moment und auf den Punkt zu geben. Aufgrund der signalartigen Hilfengebung kann er sein Pferd dafür aber auch über gewisse Etappen selbständig arbeiten lassen – zum Beispiel beim Geländeritt, wobei sich beide wieder erholen können.
Ein andauernder Einsatz der Hilfen läßt kaum Erholungsphasen zu. Pferd und Reiter ermüden schneller und machen schließlich Fehler. Die Konzentrations- und Reaktionsfähigkeit läßt nach, das Pferd stumpft gegenüber der ständigen reiterlichen Einwirkung ab. Damit eignet sich die englische Reiterei deutlich besser für das Dressurviereck als für lange, erholsame Aus- oder Wanderritte.
Außerdem wirkt eine ständige Hilfengebung der Minimalisierung der reiterlichen Einwirkungen eher entgegen, als daß sie diese unterstützen würde. Es kann auf Dauer nicht richtig sein, daß Reiter nach einer Stunde Bahnarbeit schweißtriefend vom Pferd steigen, als hätten sie eine Stunde Holz gehackt. Reiten ist kein Kraftakt, sondern Kommunikation mit dem Pferd. Dafür sind impulsartige Zeichen und Signale notwendig, nicht andauernde reiterliche Einwirkungen.

Diese Signalreitweise macht es dem Reiter möglich, mehrere Stunden im Sattel zu verbringen, ohne müde zu werden. Von diesem Standpunkt aus betrachtet, hat die Westernreitweise für den Freizeitreiter einen größeren Erholungswert. Außerdem kann man in diesem Reitstil auch weitere Reitstrecken, etwa auf Wanderritten, ohne nennenswerte körperliche Anstrengung zurücklegen.

Die Stimmkommandos

Ein gut vorbereitetes Pferd hat bereits bei der Bodenarbeit die verschiedenen Stimmkommandos für die einzelnen Manöver kennengelernt. Dies kommt dem Reiter nun im Sattel zugute, weil er sich die Schenkel-, Gewichts- und Zügelhilfen weitgehend sparen kann. Sie kommen lediglich als unterstützende Maßnahmen während eines Bewegungsablaufs zum Einsatz.

Das Stimmkommando ist die sanfteste Hilfe, die dem Reiter zur Verfügung steht, denn verbal kann man dem Pferd (zumindest physisch) nicht weh tun. Die Stimme kann darum niemals als Zwangsmaßnahme dienen, sondern wird immer ein Kommunikationsmittel bleiben. Jeder Reiter, der sein Pferd allein durch stimmliche Einwirkungen lenken und kontrollieren kann, hat eines der höchsten Ziele der Reiterei erreicht: die Verständigung mit minimalsten Mitteln.

Im Gegensatz zum Englischreiten wird in der Westernreitweise sehr viel mit der Stimme gearbeitet. Dadurch kann das Pferd seinen Gehorsam beweisen, indem es einer Aufforderung allein auf das Stimmkommando Folge leistet. Damit können auch unwillige Pferde zur Mitarbeit motiviert werden, weil sie selbst entscheiden können, ob sie auf die verbale Anweisung reagieren wollen oder nicht. Gehorcht das Pferd nicht, hat der Reiter immer noch Schenkel-, Zügel- und Gewichtshilfen zum Unterstreichen seiner Forderung parat. Auf Zwangsmaßnahmen muß der Reiter nur äußerst selten zurückgreifen, weil gut geschulte Pferde sehr willig auf die Stimme reagieren.

Aufgrund der signalartigen Hilfengebung kann der Reiter sein Pferd selbständig arbeiten lassen.

Es gehört aber auch ein wenig Erfahrung dazu, die Stimme richtig einzusetzen, um ein wunschgemäßes Ergebnis zu erzielen, denn auch Stimmkommandos lassen sich verstärken und minimalisieren. Selbst ein hervorragend ausgebildetes Pferd wird auf eine verbale Anweisung kaum reagieren, wenn sie zu leise und nebenbei ausgesprochen wird. Das Tier muß die Stimme schon als Kommando verstehen, um darauf eine Reaktion zu zeigen. Deshalb ist auch die Tonlage wichtig, in der man dem Pferd ein Kommando erteilt. Man muß bestimmt und deutlich sprechen, auf keinen Fall darf die Stimme zögernd, ängstlich oder unsicher klingen.

Mit steigendem Ausbildungsgrad kann man die Lautstärke bis zum Flüsterton herabsetzen und die Hilfe somit minimalisieren, so daß selbst der Richter auf einem Turnier nichts davon hört. Genausogut läßt sich das Stimmkommando verstärken, indem man lauter spricht oder gar schreit. Lautes Gebrüll mögen die meisten Pferde nicht und empfinden es deshalb auch als Strafe. Wenn sich ein Pferd widersetzlich verhält, ist es sicher besser, es zunächst einmal anzuschreien, statt gleich mit der Gerte anzurücken.

Bevor man aber zu einer Strafmaßnahme greift, muß man sicher sein, daß das Pferd die Aufforderung auch verstanden hat. In der englischen Reitweise ausgebildete Pferde können mit einem Stimmkommando oftmals nichts anfangen, weil in diesem Stil gerade beim Reiten sehr wenig mit der Stimme gearbeitet wird. Dennoch können auch Pferde, die bislang nur über mechanische Hilfen gesteuert wurden, die unterschiedlichen Tonlagen sehr gut deuten. Ein scharfes „Hör auf!“ kann das Tier zumindest aufmerksam machen, auch wenn es den Sinn der Worte nicht begreift. Deshalb sollte man für bestimmte Manöver auch Kommandos wählen, die den Pferden schon vom Tonfall her die richtige Reaktion erleichtern. Soll das Tier stehenbleiben, ist eine leise und tiefe Tonlage besser als eine laute und hohe, weil eine tiefe Stimme beruhigend wirkt. Ein dunkel ausgesprochenes „Whoa“ (das in etwa wie „Hooo“ klingt) regt ein Pferd eher zum Anhalten an als ein aggressives, lautes und hohes „Brrrr“. Ebenso eignet sich das Kommando „Ruuuhig“ dazu, das Pferd zum Verlangsamen seiner Geschwindigkeit zu bringen. Worte mit hellen Vokalen und harten Konsonanten wirken dagegen eher anregend und aufputschend.

Es ist nicht unbedingt notwendig, dem Pferd bei der Umstellung die in der Westernreitweise üblichen Kommandos beizubringen, wenn es auf die bisher verwendeten Ausdrücke gut reagiert. Dem Pferd ist es egal, was man sagt, wichtig ist dagegen, wie man es sagt. Prinzipiell ist es gleichgültig, welches Wort man für ein bestimmtes Kommando wählt, solange man immer den-

AUFMERKSAMKEIT IST DIE VORAUSSETZUNG

Damit ein Pferd auf ein Stimmkommando reagieren kann, muß es dem Reiter gegenüber aufmerksam sein. Wendet es dem Reiter die Ohrmuscheln zu, so ist dies ein Zeichen für die Konzentration auf den Menschen. Ist das Tier dagegen geistig abwesend, nützen alle Worte nichts, denn der Vierbeiner kann sie nicht aufnehmen und folglich auch nicht umsetzen.

selben Ausdruck verwendet, um den Vierbeiner nicht zu verwirren. Doch wenn der Tonfall der gewünschten Reaktion entspricht, kann sich der Vierbeiner die Begriffe schneller einprägen.

Die Zügelführung

In der Zügelhaltung gibt es kaum Unterschiede zwischen dem englischen Reitstil und der Westernreitweise – abgesehen davon, daß die Westernreiter häufig eine etwas breitere Zügelführung bevorzugen. Außerdem kommt im Westernstil gegebenenfalls die einhändige Zügelführung hinzu. Die beim Englischreiten übliche Haltung, bei der der Zügel zwischen dem kleinen Finger und dem Ringfinger in die Faust hinein- und über dem Zeigefinger wieder aus ihr hinausläuft,

Die einhändige Zügelführung kann manchmal sehr praktisch sein. Dennoch hält auch der Westernreiter die Zügel normalerweise in beiden Händen.

Die Grundhaltung der Westernzügel

kann man auch beim Westernreiten beibehalten. Entgegen einer weitverbreiteten Meinung ist es jedoch empfehlenswert, die Faust leicht zu öffnen, damit der Zügel locker in der Hand liegt und man ihn sensibel handhaben kann. Eine fest geschlossene Zügelfaust führt leicht zu Verkrampfungen und infolgedessen zu harten Einwirkungen. Natürlich darf die Faust nicht so weit geöffnet sein, daß der Zügel schon durch sein Eigengewicht aus der Hand gleitet. Entspannte, bewegliche Finger sind aber die Voraussetzung dafür, daß man mit dem Zügel spielerisch umgehen und folglich fein aufs Pferdemaul einwirken kann.

Die Handhabung der *Split reins* ist für den Umsteiger anfangs nicht einfach, da er bislang an geschlossene Zügel gewöhnt war. Er wird zu Beginn Schwierigkeiten mit dem Ablängen haben, weil er in beiden Händen zwei Zügel halten soll – den Zügel der jeweiligen Seite und das Ende des anderen Zügels. Bei dieser Methode bildet sich die sogenannte Zügelbrücke, die dem Reiter auch eine etwas breitere Zügelführung erlauben soll, ohne daß er die Zügel neu ablängen muß.

Die größte Umstellung wird jedoch mit der losen Zügelführung ohne Maulkontakt verbunden sein. Hier wird sich zeigen, wieviel die englische Reitausbildung wert war: Wer jetzt Angst hat, die Zügel locker zu lassen, hat nicht gelernt, mit einem leichten Kontakt zum Pferdemaul zu reiten, sondern hat sich bislang am Zügel festgehalten! Auch Reiter von temperamentvollen Pferden, die sich kaum trauen, den Zügelkontakt zu lösen, müssen sich nun eingestehen, daß sie bisher offensichtlich nur am Zügel gezogen haben, um die Tiere am Davonlaufen zu hindern. Viele Reiter merken gar nicht, daß sie ständig mit einem Gewicht von einigen Kilo in den Zügeln hängen. Wenn man beim Loslassen des Zügels unsicher wird, sollte man zunächst einige Longenstunden nehmen, um den Sitz zu festigen und das zügelunabhängige Reiten zu üben.

Doch nicht nur beim Reiter können sich Probleme einstellen, auch für das Pferd ist die lose Zügelführung eine neue Erfahrung. Es kann dem Tier Schwierigkeiten bereiten, sich mit langem Hals unter dem Reiter zu bewegen. Manche Pferde fallen nun regelrecht auseinander und belasten infolgedessen die Vorhand zu stark. Englisch ausgebildete Tiere haben in der Regel schon beim Longentraining gelernt, an das Gebiß heranzutreten und dort Anlehnung zu suchen. Da diese Unterstützung nun völlig wegfällt, haben viele Vierbeiner zunächst Schwierigkeiten, sich auszubalancieren. Manchmal sind sie ohne Zügelanlehnung kaum in der Lage, in gerader Spur zu laufen. Statt dessen driften sie nach einer Seite weg, laufen Schlangenlinien oder beginnen im Extremfall sogar zu torkeln. Bei solchen Pferden wird es einige Zeit in Anspruch nehmen, bis sie gelernt haben, sich unter dem Reiter ohne Anlehnung an das Gebiß auszubalancieren. Es ist empfehlenswert, während dieser Zeit viele Zirkel zu reiten, um das Pferd „einzuspuren".

Man darf nicht den Fehler begehen, die Zügel nun wieder aufzunehmen, um dem Pferd eine Stütze zu geben. Denn dann könnte das Tier nicht lernen, sich ohne Gebißstütze auszubalancieren. Vermutlich würde es ständig die Zügelanlehnung suchen und dabei immer extremer auf die Vorhand fallen. Wenn in der Westernreitweise der Zügel angenommen wird, geschieht dies nur kurzzeitig, um dem Pferdemaul Impulse zu geben. Dabei darf das Pferd keine Gelegenheit bekommen, sich auf das Gebiß zu legen. Man wirkt deshalb zupfend mit dem Zügel ein, nimmt ihn also kurzzeitig an und gibt sofort wieder nach. Das Pferd muß lernen, diesen Impulsen mit der Nase zu folgen – bei einseitigem Zupfen zur Seite und bei beidseitigen Impulsen nach hinten.

Leider sind viele durchschnittlich gerittene Englischpferde relativ hart im Maul, so daß der Reiter mit diesen leichten Impulsen anfangs nur schwer durchkommt. Bei weichmäuligen Tieren funktioniert diese Methode dagegen normalerweise auf Anhieb.

Bewegt sich das Pferd gut eingespurt und mit aktiver Hinterhand in die gewünschte Richtung, bleibt der Zügel locker. Dabei soll er nur leicht durchhängen, damit man ihn im Bedarfsfall schnell annehmen kann. Beim Annehmen darf der Reiter seine Hand jedoch nicht an seinem Körper vorbei nach hinten führen, weil er sich dabei im Oberkörper verdrehen würde, so daß die feine Einwirkung auf das Pferdemaul nicht mehr sichergestellt wäre.

Der Schenkeleinsatz

Für die Lage der Schenkel und somit auch für deren Einsatz ist der Sitz des Reiters verantwortlich. Der Westernreiter sollte – ähnlich wie der Dressurreiter – mit langem Bein im Sattel sitzen. Dadurch liegt das

Der Westernreiter sitzt ausbalanciert im Sattel und kann seine Beine locker am Pferdekörper herabhängen lassen.

Der Englischreiter reitet dagegen mit Knieschluß und hat mit den Schenkeln ständigen Kontakt zum Pferd.

Knie tief, was wiederum einen sicheren Sitz gewährleistet. Der beim Englischreiten übliche Knieschluß fällt beim Westernreiten weg. Der Sitz des Westernreiters kommt nicht durch Festhalten zustande, sondern durch die Balance. Der Westernsattel unterstützt diesen Sitz, da er nicht mit Pauschen ausgestattet ist. Würde man im Westernsattel versuchen, mit Knieschluß zu reiten, würde man das Knie hochziehen. Die Beine würden nicht mehr in der richtigen Position liegen. Man könnte die Fersen nicht mehr tief halten, weil diese mit hochgezogen würden, und in den Waden würde infolgedessen die Spannung fehlen.

Sitzt der Reiter ausbalanciert im Sattel, muß er sich mit den Beinen

IMPULSE RICHTIG GEBEN

Ob nun der Zügel kurzzeitig angenommen und wieder losgelassen oder ein impulsartiger Schenkeldruck ausgeübt wird – das Prinzip ist immer das gleiche: ein abwechselnder Auf- und Abbau von Druck oder Zug.
Man könnte meinen, daß die gleiche Methode auch beim verpönten Riegeln und Schenkelklopfen zutage tritt. Zwischen solchen reiterlichen Grobheiten und der signalartigen Hilfengebung besteht aber ein entscheidender Unterschied. Beim Riegeln und Schenkelklopfen wird ein Zug beziehungsweise Druck aufgebaut, dem das Pferd nicht nachgeben oder ausweichen kann. Es bekommt keine Chance, auf diese Einwirkung zu reagieren. Durch das oftmalige, unsinnige Wiederholen muß das Pferd abstumpfen.
Bei der richtig praktizierten Signalreitweise wird ein Impuls dagegen nur so lange wiederholt, bis das Pferd darauf reagiert hat. Folgt es der Anweisung bereits bei der ersten Aufforderung, sind weitere Einsätze nicht notwendig. Damit diese Methode funktionieren kann, muß das Pferd allerdings genügend Zeit haben, schon auf den ersten Impuls zu reagieren. Darum muß die signalartige Hilfengebung überlegt, exakt, gezielt und somit effizient erfolgen. Dann kann das Pferd nicht abstumpfen, sondern wird den Hilfen gegenüber sensibler werden.
Bei der Hilfengebung muß man immer dem Motto „So viel wie nötig, so wenig wie möglich" folgen – was beim Riegeln und Schenkelklopfen mit Sicherheit nicht der Fall ist.

nicht festklammern, sondern kann sie locker herabhängen lassen. Der Knieschluß des Englischreiters führt automatisch zu einem ständigen Kontakt mit dem Pferdekörper – man umschließt das Pferd quasi mit seinen Beinen. Beim Reiten ohne Knieschluß hängt das Bein locker herab, ohne daß die Unterschenkel das Pferd berühren.

Wenn ein Schenkeleinsatz notwendig ist, gibt man auch diese Hilfe impulsartig: Der Reiter übt mit den angespannten Waden Druck aus und nimmt die Schenkel im nächsten Moment wieder weg. Hat das Pferd nicht wunschgemäß reagiert, ist ein nochmaliger, kurzer Schenkelimpuls notwendig. Der Schenkeleinsatz kann bei Bedarf öfters wiederholt werden. Dabei dürfen die Hilfen allerdings auf keinen Fall in ein ständiges Klopfen mit den Unterschenkeln oder Fersen ausarten.

Die Gewichtshilfen

Gewichtshilfen dienen der Unterstützung von Manövern. Sie können nicht zwingend eingesetzt werden, sondern begleiten die Stimmkommandos sowie die Zügel- und Schenkelhilfen und tragen zu einer harmonischen Zusammenarbeit von Reiter und Pferd bei. Das ist allerdings nur dann der Fall, wenn die

Bei Seitwärtsbewegungen reagieren viele Pferde besser, wenn der Reiter sie mit seinem Gewicht praktisch vor sich herschiebt.

Gewichtshilfen korrekt eingesetzt werden und nicht etwa die Bewegungen des Pferdes behindern.

Ein Pferd kann lernen, unter den Schwerpunkt des Reiters zu treten oder dem Gewicht auszuweichen. Normalerweise folgt das Pferd einer Gewichtsverlagerung des Reiters, um seine Balance zu halten. Daneben kann der Reiter das Pferd mit seinem Gewicht aber auch quasi vor sich herschieben. Mit dieser Art von Gewichtshilfe erzielt man in erster Linie bei den verschiedenen Seitwärtsbewegungen ein besseres Ergebnis.

Falsch oder bewußt gegensätzlich eingesetzte Gewichtshilfen können einen Bewegungsablauf auch hemmen. Dies geschieht beispielsweise bei der Feinabstimmung der Geschwindigkeitskontrolle, wenn man die Gangart durch „Gegensitzen" bremsend beeinflußt. Im Englischreitunterricht hat man auch gelernt, daß die Bewegungsmechanik durch eine „schiebende" Gewichtshilfe forciert werden kann. Diese Hilfe kennt man unter dem Begriff Kreuzanziehen, der aber irreführend ist, weil bei der „schiebenden" Gewichtseinwirkung nicht die Kreuz-, sondern die Bauchmuskulatur angespannt wird. Bei neueren Untersuchungen ist übrigens festgestellt worden, daß die sogenannte Kreuzhilfe keinen positiven (das heißt treibenden) Einfluß auf die Bewegungen des Pferdes hat.

Da der Westernreiter in einem relativ passiven Balancesitz reitet und nicht ständig, sondern nur signalartig Hilfen einsetzt, kennt er die Kreuzhilfe nicht. Im Westernstil bleibt man ruhig im Sattel sitzen, geht aber mit den Bewegungen des Pferdes mit, um es nicht zu behindern. Man wird nicht aktiv tätig, um die Gangart in einer bestimmten Geschwindigkeit beizubehalten – dafür muß das Westernpferd selbst sorgen.

In der Westernreitweise kennt man aber sehr wohl die Gewichtsverlagerung nach hinten, bei der der Reiter das Becken abkippt, und nach vorne (Vorbeugen des Oberkörpers). So wird das Gewicht beispielsweise bei Vor- und Hinterhandwendungen auf den Drehpunkt verlagert, um dem Pferd ein Abheben des Drehbeins zu erschweren.

Damit sind auch Gewichtsverlagerungen nach seitlich vorne oder seitlich hinten verbunden. Beim Seitwärtstreten bringt der Reiter sein Gewicht direkt auf die rechte beziehungsweise linke Seite. In ihrer minimalsten Form besteht diese Gewichtshilfe nur noch aus einem stärkeren Durchtreten des jeweiligen Steigbügels.

Die häufigsten Fehler

Das Umschulungs-Training fällt einem leichter, wenn man sich schon im vorhinein die Unterschiede zwischen den beiden Reitweisen klarmacht. Dennoch werden einem mit ziemlicher Sicherheit die „klassischen" Umstellungsfehler unterlaufen. Es ist deshalb sehr wichtig, sich die häufigsten Fehler bewußt zu machen, damit man sie erkennen und folglich korrigieren kann.

Die meisten dieser Fehler gelten in der englischen Reitweise nicht als solche, sondern gehören zum System des Reitstils – zum Beispiel die permanente Hilfengebung zur Unterhaltung einer Gangart. Ignoriert man die Tatsache, daß es sich bei solchen Gewohnheiten in der Westernreitweise um Fehler handelt, muß man nicht unbedingt schlecht reiten, doch der Reitstil wird insgesamt darunter leiden. So passen ständig treibende Schenkel beispielsweise nicht zu einer losen Zügelführung. Bestenfalls erreicht man auf diesem Weg einen mehr oder weniger guten Mischstil. Dabei ist es wahrscheinlich, daß sich der Reiter nicht wirklich auf die Westernreitweise umstellt, sondern im Grunde ein Englischreiter bleibt, auch wenn er einen Westernsattel benutzt und sich vielleicht ein western ausgebildetes Quarter Horse gekauft hat.

Deshalb sollen nochmals die häufigsten Fehler hervorgehoben werden, damit man sich beim Umstellungs-Training verstärkt auf deren Korrektur konzentrieren kann.

Der fehlerhafte Sitz

Die häufigsten Sitzfehler kann man in zwei Kategorien einteilen. Zum einen ist bei Umsteigern mit Fehlern zu rechnen, die im Vorfeld eine fundierte klassische Ausbildung genossen und sich einen guten Englischsitz angeeignet haben, mit dem sie

Das extrem vorgestreckte Reiterbein ruft den „Liegestuhl-Sitz" hervor. Exakte Schenkel- und Gewichtshilfen werden dadurch unmöglich.

aber im Westernsattel Probleme bekommen. Die andere typische Fehlerkategorie betrifft angehende Westernreiter, die sich bislang auch im Englischsattel nicht ausreichend zurechtgefunden haben. Sie bringen noch keine Angewohnheiten mit, sondern tendieren dazu, die gleichen Fehler zu machen, die auch absoluten Neulingen passieren.

Der gut geschulte Englischreiter verfügt zwar in der Regel über eine ausgezeichnete Balance und kann sich gut in die Bewegungsmechanik des Pferdes hineinfühlen, hat aber manchmal schon mit der Sitzform des Westernsattels Probleme. Durch die fehlenden Sattelpauschen kann er den in der Englischreitweise üblichen Knieschluß nicht aufrechterhalten. Versucht er nun, die Knie fest an den Sattel zu drücken, um einen besseren Halt zu erreichen, so zieht er die Knie dabei hoch. Das Ergebnis ist ein Stuhlsitz, der es dem Reiter unmöglich macht, die Gewichtshilfen korrekt einzusetzen. Die Absätze werden hochgezogen, der Reiter verliert die Steigbügel und damit seinen sicheren Sitz. Die gleichen Probleme können auftreten, wenn die Steigbügel länger geschnallt werden. Nicht alle Englischreiter beherrschen den korrekten Dressursitz, vor allem springambitionierte Reiter schnallen die Bügel wesentlich kürzer und behalten diesen Sitz, haben sie ihn sich erst einmal angewöhnt, auch bei Ausritten bei.

Noch schwieriger ist der „Liegestuhl-Sitz“ zu korrigieren, der sich meist bei Reitern entwickelt, die auf keine fundierte Vorbildung in einer anderen Reitweise zurückgreifen können. Sie empfinden den Westernsattel in der Regel von Anfang an als besonders bequem. Wenn sie außerdem noch den lässigen Cowboy aus dem Westernfilm mimen möchten, neigen sie verstärkt dazu, sich regelrecht in den Sattel „hineinzulümmeln“. Mit abgekipptem Becken, rundem Rücken und weit vorgestreckten Beinen „liegen“ sie fast im Sattel und belasten bei jedem Schritt den Pferderücken, weil man in dieser Haltung nicht in der Lage ist, die Bewegungen des Pferdes auszugleichen. Gewichtshilfen sind sowieso nahezu unmöglich, weil der Reiter zusammengesackt im Sattel hängt und sein Gewicht daher fast nicht verlagern kann.

Die weit vorgestreckten Beine müssen einen viel zu weiten Weg bis zum Pferdekörper zurücklegen, wenn Schenkelhilfen notwendig werden. Außerdem ist es kaum möglich, die Schenkel behutsam einzusetzen. Fast immer arten die treibenden Hilfen daher in grobes Klopfen aus – von adäquatem Schenkeleinsatz kann dabei keine Rede sein.

Um dennoch einigermaßen sicher zu sitzen, stützen sich diese Reiter mit den Füßen häufig in den Steigbügeln ab, wodurch sie das Gesäß gegen das *Cantle* schieben und im Extremfall nicht mehr auf der Sitzfläche, sondern auf der Rückenlehne des Sattels zu sitzen kommen. Oftmals sind in dieser Stellung auch die Beine durchgestreckt. Die Tendenz zum „Liegestuhl-Sitz“ erkennt man ganz deutlich, wenn Schulter, Hüfte und Fersen keine gerade Linie mehr bilden. Hat man keinen Spiegel zur Verfügung, kann man sich auch selbst überprüfen, indem man in aufrechter Haltung auf seine Zehenspitzen blickt. Sind die Zehenspitzen beim Blick über das Knie gerade noch sichtbar, ist der Sitz in Ordnung. Kann man dagegen bereits den halben Fuß sehen, sind die Beine zu weit vorgestreckt.

Ein typischer Anfänger-Fehler sind auch stark nach außen gedrehte Fußspitzen. Wenn die Zehen nach außen zeigen, liegt das Bein nicht mehr fest am Sattel, der Sitz wird „geöffnet" und ist somit unsicher. Weil die Steigbügelriemen beim Westernreiten relativ lang geschnallt werden, haben viele Reiter Schwierigkeiten, die Ferse nach unten zu drücken, um die Spannung in der Wadenmuskulatur aufrechtzuerhalten. Es fällt übrigens leichter, den Absatz tief zu halten, wenn man daran denkt, die Zehenspitzen hochzuziehen, statt sich darauf zu konzentrieren, die Fersen nach unten zu drücken.

Probleme mit der Hand

Die meisten Fehler in der Umstellungsphase resultieren aus falschen Angewohnheiten, die man sich bereits im Englischsattel angeeignet hat. Die Zügel sind in keiner Reitweise dazu da, daß sich der Reiter daran festhält. Es ist jedoch nicht einfach, den beim konventionellen Reiten erforderlichen leichten Zügelkontakt zum Pferdemaul aufrechtzuerhalten, ohne dabei am Zügel zu ziehen. Die Mehrheit der Englischreiter zieht mehr oder weniger stark am Zügel, und Anfänger, die nicht gelernt haben, zügelunabhängig zu sitzen, halten sich oft sogar regelrecht daran fest, um das Gleichgewicht nicht zu verlieren.

Aus diesen Gründen entstehen schließlich Sitz- und Handprobleme, wenn dem Reiter die Festhaltemöglichkeit genommen wird. Beim Westernreiten ist man (glücklicherweise) gezwungen, zügelunabhängig zu reiten, so daß man sich einen Balancesitz aneignen muß. Unsicherheiten im Sitz und das ungewohnte Reiten ohne Zügelanlehnung führen häufig zu unruhigen Händen, wobei diese Aktivitäten auch über einen losen Zügel auf das Pferdemaul übertragen werden. Als Folge davon stumpft das Pferd im Maul ab und nimmt den Kopf hoch. Es geht gegen den Zügel, drückt den Rücken weg und fällt somit auf die Vorhand. All diese negativen Folgeerscheinungen tragen zu einem schlechten Reitstil bei. Vor allem in schnelleren Gangarten – vornehmlich im Galopp – zeigt sich eine unruhige Hand auch dadurch, daß der Reiter mit den Ellenbogen schlägt wie ein aufgeschreckter Vogel mit den Flügeln. Das ist nicht nur optisch sehr unschön, sondern trägt weiter zu einem unruhigen Sitz bei, der den ganzen Reitstil negativ beeinflußt.

Viele Reiter bringen nicht nur Zug auf den Zügel, um sich daran festzuhalten, sondern wollen damit (meist unbewußt) auch verhindern, daß ihnen das Pferd davonläuft. Sie sind bislang nach dem Motto „Was vorne gebremst wird, muß von hinten nachgetrieben werden" geritten. Die Auswirkungen des Reitens „von vorne nach hinten" wurden schon auf Seite 132 erläutert. Diese fehlerhafte Einwirkung ist meist nicht auf eine falsch erlernte Technik zurückzuführen, sondern auf die Angst des Reiters. Ihm fehlt das Vertrauen in sein Pferd, und deshalb behandelt er das Tier in vielen Bereichen falsch.

Falsches Handling

Eine grundsätzlich nicht zum Westernreiten passende Einstellung, mangelndes Vertrauen, aber auch Unwissenheit können zu einem falschen Handling des Pferdes führen. In vielen konventionellen Reitschulen wird auf das Vertrauen zwischen Reiter und Pferd, das den Grundstock für jede fruchtbare Zusammenarbeit bildet und dadurch auch ein sicheres Reiten ermöglicht, viel zu wenig Wert gelegt. Außerdem wird die Sicherheitsausbildung (beispielsweise die Erziehung zum ruhigen Stehen) häufig zu wenig beachtet, so daß viele Reiter auf Zwangsmittel zurückgreifen, um die notwendige Sicherheit zu erlangen. Um das Temperament der Pferde zu zügeln, verwendet man Ausbindezügel oder erhält eben mit der Hand

Umsteiger haben öfters Probleme mit dem richtigen Ablängen der Zügel. Bei zu lockeren Zügeln ist man versucht, die Hand am Körper vorbei nach hinten zu führen, wodurch man jegliches Gefühl verliert.

einen permanenten Zug aufrecht. Die Bewaffnung mit „schweren Geschützen" wie Sporen, Gerte und zwingenden Hilfszügeln soll die absolute Kontrolle über das Pferd garantieren. Das Pferd steht unter ständigem Zwang, es kann nichts selbst entscheiden und somit auch

Das richtige Handling des Pferdes entsteht nicht aus einer bestimmten Technik, sondern aus dem Gefühl heraus.

seinen Gehorsam nicht beweisen, weil es dazu gar keine Chance bekommt. Auf diese Weise kann keine partnerschaftliche Beziehung zwischen Reiter und Pferd entstehen, es findet keine Kommunikation statt. Doch gerade aus gegenseitigem Verstehen erwachsen Vertrauen und eine konstruktive Zusammenarbeit, die die Grundlage für gutes Reiten ist.

Man sollte bemüht sein, beim Reiten nicht *das* Pferd zu arbeiten, sondern *mit dem* Pferd zu arbeiten. Nur die richtige Einstellung macht es dem Reiter möglich, die Technik korrekt umzusetzen und mit dem Pferd den Weg zur vielgerühmten Harmonie zu finden. Die richtige Behandlung eines Pferdes erwächst in erster Linie nicht aus einer erlernbaren Technik, sondern aus dem Gefühl heraus. Vielleicht wird der vertrauensvolle Umgang mit den Vierbeinern von vielen Pferdebesitzern deshalb als so schwierig empfunden, weil sie zu materiell denken und für das notwendige Einfühlungsvermögen keinen Platz mehr haben. Das läßt sich jedoch ändern, wenn man sich zunächst viel Zeit zum Nachdenken und Hineinspüren nimmt, die Pferde unter ihresgleichen beobachtet und auf diese Weise ihre Art verstehen lernt. Kommunikation – die Basis einer guten Beziehung und folglich auch des richtigen Umgangs – kann nur entstehen, wenn gegenseitiges Verständnis vorhanden ist. Dafür muß nicht nur das Pferd die Befehle und Kommandos des Reiters erlernen, sondern auch der Reiter die Bedürfnisse und Gefühle seines Tieres nachempfinden und verstehen können.

Übungsaufgaben

Die Umsetzung der Theorie in die Praxis ist so ziemlich der schwierigste Teil des Umstellungs-Trainings. Wenn einem die Unterschiede und Zusammenhänge klar sind, kann man das Training mit gezielten Übungsaufgaben forcieren. Dabei wird die andersartige Technik deutlich herausgestellt und durch häufige Wiederholungen intensiv eingeübt. Beim Training ist es vor allem wichtig, konzentriert an der neuen Hilfentechnik zu arbeiten und dem Pferd dabei immer die Möglichkeit zur aktiven Mitarbeit zu geben. Man muß bemüht sein, seine Vorstellungen konsequent durchzusetzen, ohne bei der Hilfengebung jemals Zwang auszuüben. Dafür benötigt man viel Fingerspitzengefühl, ohne das korrektes Westernreiten nicht möglich ist.

Die Grundgangarten

In der konventionellen Reitweise ausgebildete Pferde werden durch ständige Hilfen dazu veranlaßt, die Gangart und die Geschwindigkeit beizubehalten. In der Westernreitweise soll sich das Pferd nun ohne kontinuierlich treibende Hilfen in der einmal geforderten Gangart bewegen. Das bedeutet, daß der Reiter mit einem einzigen Schenkeldruck auskommen sollte, um das Pferd beispielsweise antraben zu lassen. Das Tier soll die Gangart nun ohne weitere Unterstützung durch den Reiter selbständig beibehalten.

Dem Umsteiger stellt sich nun die Frage, wie er das seinem Pferd beibringen kann, wurde es doch

VÖLLIG ZWANGLOSER UMGANG?

Wenn man es genau nimmt, gibt es keine Hilfengebung, die völlig ohne Zwang auskommt. Obwohl das Pferd gelernt hat, auf bestimmte Signale in einer gewissen Art und Weise zu reagieren, muß die vom Reiter gewünschte Reaktion immer zuerst durchgesetzt werden. Manchmal genügt zwar lediglich eine Anfrage, und das Pferd folgt willig der Anweisung, doch irgendwann kann der Zeitpunkt kommen, an dem das Tier seine Grenzen sucht. Es wird versuchen, aus diesem „Frage-und-Antwort-Spiel" auszubrechen und eine Gegenfrage zu stellen oder die Antwort schuldig zu bleiben. Im Klartext heißt dies, daß das Pferd auf ein Kommando, also eine nicht zwingende Anfrage, nicht mehr wunschgemäß reagiert. Dann ist der Moment gekommen, in dem man seine Forderung mit mehr oder weniger deutlichen Mitteln unterstreichen muß, um die Oberhand zu behalten. Dazu kann eine Wiederholung der Hilfen oder ein Anheben der Stimme bereits ausreichen, im schwierigeren Fall kann aber auch der Griff zur Gerte nötig sein.

Ein guter Horseman benötigt sehr wenige Zwangsmittel, im Idealfall reicht allein seine Autorität. Das bedeutet, daß man zwar ohne Strafmaßnahmen auskommen kann, jedoch nicht ohne zwingende Mittel. Dabei geht es nicht um die Unterwerfung des Pferdes, sondern um die Wahrung des eigenen Durchsetzungsvermögens.

Das Pferd muß zunächst immer die Chance bekommen, auf ein nicht zwingendes Signal (dessen Bedeutung das Tier kennen muß) richtig zu reagieren. Damit kann es seine Kooperationsbereitschaft zeigen und seinen Willen zur Mitarbeit unter Beweis stellen. Nur wenn sich das Pferd weigert, der Aufforderung Folge zu leisten, sind zwingende Mittel erlaubt und sogar notwendig. Folgende Maßnahmen können dabei als Zwangsmittel eingesetzt werden:

- Wiederholung der Hilfen
- Anheben der Stimme
- Verdeutlichung der Hilfen
- Verstärkung der Hilfen
- Autoritäres Auftreten
- Einsatz von Hilfsmitteln wie Gerte oder bestimmten Zusatzausrüstungen

Eine Steigerung davon sind strafende Maßnahmen, wobei die zwingenden Mittel nochmals verstärkt werden. Ein guter Horseman kann aber ohne Strafmaßnahmen auskommen.

bislang ständig getrieben und würde bei einer plötzlichen Aufhebung der Schenkelhilfen langsamer werden oder gar stehenbleiben. Das Training muß stufenweise erfolgen, bis das Pferd verstanden hat, daß es ohne Unterstützung durch treibende Hilfen in der geforderten

Gangart weiterlaufen soll. Zunächst fordert man das Pferd mit einem beidseitigen Schenkeldruck zum Antreten auf, wobei die Hilfe so lange aufrechterhalten wird, bis das Pferd losmarschiert ist. Sobald das Tier antritt, werden die Schenkel sofort wieder weggenommen und bleiben in passiver Position. Je stärker der Schenkeldruck beim Anreiten war, desto schneller sollte das Pferd nun im Schritt vorwärtsgehen. Die Geschwindigkeitsregulierung innerhalb einer Gangart ist zunächst jedoch zweitrangig und bekommt erst in einem späteren Trainingsabschnitt größere Bedeutung.

Manche Pferde bleiben nach einigen Schritten verdutzt stehen, weil sie die treibenden Schenkel vermissen. Dann muß man das Tier sofort wieder antreiben, aber nur mit einem deutlichen Schenkeldruck, nicht durch Klopfen oder Hämmern mit den Beinen! Diese Prozedur wird so lange wiederholt, bis das Pferd begriffen hat, daß es ohne ständigen Schenkeldruck die Gangart Schritt beibehalten soll.

Läßt sich der Vierbeiner nun schon beliebig lange im Schritt reiten, ohne daß er laufend erneut zum Antreten oder Beibehalten der momentanen Geschwindigkeit aufgefordert werden muß, kann man ihn durch nochmaligen Schenkeldruck dazu animieren, in die Gangart Trab zu wechseln. Hier verfährt man auf dieselbe Weise: Fällt das Pferd in den Schritt zurück, wird es sofort wieder angetrieben. Solange das Tier aber im Trab bleibt, verhält sich der Reiter passiv. Für den Galopp gelten die gleichen Regeln.

Nun kann man an die Feinregulierung gehen und die einzelnen Gangarten in gleichmäßigem Tempo fordern. Das Pferd sollte sich in jeder Gangart rhythmisch bewegen und die Geschwindigkeit ohne zusätzliche Hilfen des Reiters kontinuierlich beibehalten. Für dieses Training wählt man am besten lange, gerade Wege mit gleichmäßiger Bodenbeschaffenheit. Trainiert man auf dem Reitplatz oder in der Halle, sollte man auf einer Zirkelbahn reiten, damit die Stellung des Pferdes immer die gleiche ist. Würde man Ganze Bahn reiten, müßte man das Tier in den Ecken immer wieder von der Geraden in die Kurve und danach erneut auf eine Gerade umstellen. Für dieses Training ist es besser, entweder nur auf einem Kreisbogen (Zirkel) zu reiten oder in geeignetem Gelände stets geradeaus.

Auf den Schritt sollte man besonderen Wert legen, weil die Hinterhand in dieser Gangart am besten zum Untertreten aktiviert werden kann und weil man vor allem im Gelände zu 90 Prozent im Schritt unterwegs ist. Ein fleißiger Schritt bringt einen flott vorwärts, ohne daß das Pferd allzu schnell müde wird. Ein weit ausgreifender Schritt ist deshalb auch die wichtigste Gangart des Wander- und Westernpferdes.

Es ist nicht besonders schwierig, ein sensibles Pferd mit Hilfe der Schenkel zu einem flotten Schritt anzutreiben. Es gehört aber schon einiges dazu, dem Pferd beizubringen, ohne ständige Schenkelunterstützung fleißig vorwärtszugehen. Da der Hinterhandeinsatz aber so wichtig ist, damit man durch die Schwerpunktverlagerung auf die

WICHTIGER SCHRITT

Für den Gelände-, Wander- und Freizeitreiter ist der Schritt die wichtigste Gangart. Bei einem Ausritt sollte man zu 90 Prozent im Schritt reiten, um die Hinterhand zu aktivieren, den natürlichen Bedürfnissen des Pferdes am besten nachzukommen und das Tier nicht zu überfordern. Damit es die Hinterhand jedoch wunschgemäß einsetzt, darf das Pferd nicht schlendern, sondern muß fleißig ausgreifen. Darauf muß der Reiter großen Wert legen.

Hinterhand eine natürliche Versammlung erreicht, muß der Umsteiger frühzeitig an dieser Aufgabe arbeiten.

Das Pferd muß also zu einem kontinuierlichen, fleißigen Vorwärtsgehen motiviert werden. Sobald es im Schritt langsamer wird, muß es durch einen neuerlichen Schenkeldruck daran erinnert werden, seine Aktivität beizubehalten. Dies erfordert eine ständige Konzentration des Reiters, denn er darf keinen schlurfenden Gang akzeptieren und muß mit einem effektiven Schenkeldruck sofort zur Stelle sein, wenn das Pferd nachlässig wird. Das Pferd würde sonst bald auf die Vorhand fallen und sich auf den Zügel lehnen, sobald dieser leicht angenommen wird. Ein „kopflastiges" Pferd ist sehr schwierig zu korrigieren, deshalb sollte man es erst gar nicht so weit kommen lassen.

Auch im Trab und im Galopp muß man auf eine gleichmäßige Geschwindigkeit achten. Hier werden umzustellende Pferde ebenfalls häufig langsamer. Oft fallen sie sogar in eine niedrigere Gangart zurück, wenn sie nicht wieder angetrieben werden. Es gibt aber auch Pferde, die aufgrund des fehlenden Zügelkontakts schneller werden. Die Regulierung des Tempos hängt davon ab, ob der Reiter zuvor eher mit dem Zügel bremsen oder eher mit den Schenkeln treiben mußte, um die gewünschte Geschwindigkeit beizubehalten. Das Training muß jedenfalls darauf abzielen, daß das Pferd in jeder Gangart ohne Zutun des Reiters selbständig in der gewünschten Geschwindigkeit bleibt. Die Korrekturen, die am Anfang

Um das Pferd in die Wendung zu lenken, öffnet man ihm den Weg nach innen, indem man die Zügelhand zur Seite führt.

sicherlich häufig notwendig sind, sollten sich im Laufe des Trainings kontinuierlich reduzieren.

Unterschiede bei den Wendungen
Während man das Pferd in der Englischreitweise mit verkürztem innerem Zügel, treibendem äußerem und zusätzlich angelegtem innerem Schenkel in die Wendung lenkt, gelten beim Westernreiten auch hier andere Gesetze. In erster Linie fällt das Biegen um den inneren Schenkel weg, der bei Wendungen im Westernreiten nicht zum Einsatz kommt. Nur der äußere Schenkel treibt das Pferd in die Wendung. Bevor er jedoch angelegt wird, muß das Pferd korrekt gestellt werden, damit es weder über die Schulter wegläuft noch seitlich nach innen geschoben wird. Das richtige „Einspuren" des Pferdes erreicht man durch die Zirkelarbeit, die im folgenden Abschnitt beschrieben wird.

Prinzipiell sollte die Nase des Pferdes in die Bewegungsrichtung zeigen. Die Biegung von Pferdehals und -körper muß der des Kreisbogens entsprechen. Das erreicht man durch perfektes „Einstellen" des Pferdes, aber auch durch gute Gymnastizierung. Die Hilfengebung sieht so aus, daß der Reiter den Pferdekopf mit impulsartigen Einwirkungen des inneren Zügels in die Bewegungsrichtung stellt. Gera-

NOTWENDIGKEIT DES NECK REINING

Beim Neck reining wird der äußere Zügel an den Pferdehals angelegt, und das Pferd weicht diesem Druck. Die Ausbildung des Vierbeiners im Neck reining ist notwendig, wenn man einhändig reiten will. Die Übung kann aber auch bei den verschiedenen Seitwärtsgängen hilfreich sein.
Die einhändige Zügelführung ist bei Wander- und Freizeitreitern zwar sehr beliebt, doch sie sollte nur bei voll ausgebildeten Westernpferden zum Einsatz kommen. Ist das Pferd ungenügend geschult und/oder der Reiter nicht ausreichend ausgebildet, kann die einhändige Zügelführung leicht zu falschen und schmerzhaften Einwirkungen auf das Pferdemaul führen. Häufig wird die Zügelhand zu extrem in eine Richtung genommen, was anstelle eines Drucks auf der äußeren Halsseite zu einem unangenehmen Zug im Pferdemaul führt. Das Pferd kann seine Nase nicht in die gewünschte Richtung nehmen, sondern verdreht seinen Kopf, um dem Schmerz zu entgehen. Folglich ist keine korrekte Biegung auf dem Kreisbogen möglich.
Beim richtig ausgeführten Neck reining wird die Reiterhand dagegen vom Widerrist aus nur wenige Zentimeter nach links beziehungsweise rechts verschoben.
Der Umsteiger hat mit der Umsetzung der impulsartigen Hilfengebung aber anfangs genug zu tun, so daß er an die einhändige Zügelführung vorerst noch nicht zu denken braucht.

de bei jungen und umzuschulenden Pferden nimmt man die Zügelhand hierfür etwas seitwärts nach innen, um dem Pferd quasi den Weg zu zeigen. Man gibt die Zügelimpulse, indem man den inneren Zügel abwechselnd kurzzeitig annimmt und wieder nachgibt. Der äußere Zügel bleibt locker am Pferdehals liegen und gibt dem Tier allein durch die Berührung des Halses die Anweisung, diesem minimalen Zügeldruck auszuweichen. Dies ist auch schon die Vorstufe für das spätere *Neck reining*, bei dem das Pferd nur noch auf das Anlegen des äußeren Zügels an den Hals reagiert. Man muß aber darauf achten, daß der indirekte (äußere) Zügel immer locker bleibt und nicht auf das Pferdemaul einwirkt. Damit der Zügel wirklich locker bleibt, darf der Reiter die Hand nicht über den Mähnenkamm des Pferdes nehmen. Da man im Training, meist aber auch im Gelände, stets mit beidhändiger Zügelführung reitet, spielt die Unterstützung durch den äußeren Zügel nur eine untergeordnete Rolle, während die leichten Impulse des direkten (inneren) Zügels ausschlaggebend sind. Man muß aber darauf achten, daß man den Zügel nach dem Annehmen sofort wieder locker läßt, damit man keinen Zug ausübt.

Das Zirkeltraining

Das Zirkeltraining ist in jeder Reitweise eine gute Methode, um das Pferd ins Gleichgewicht zu bringen. Für den Umsteiger bietet es sich besonders an, weil das umzuschulende Pferd oftmals Schwierigkeiten hat, sich ohne Zügelkontakt auszubalancieren.

Ein Pferd, das nicht im Gleichgewicht ist, tritt nicht unter seinen Schwerpunkt und kann somit auch sein Gewicht nicht auf die Hinterhand verlagern. Es wird daher immer auf der Vorhand laufen, solange es noch nicht in sein Gleichgewicht zurückgefunden hat. Die Arbeit auf dem Zirkel ermöglicht es dem Reiter, sein Pferd spurtreu auszurichten, es also ins Gleich-

Die Ausbildung des Pferdes im Neck reining ist für verschiedene Formen von Seitengängen hilfreich.

DIE ZEICHEN DER EINSEITIGKEIT

Folgende Anzeichen weisen darauf hin, daß ein Pferd noch nicht genügend ausbalanciert ist:

- Das Pferd läuft nicht spurtreu, die Spur der Hinterhufe deckt sich also nicht mit der der vorderen Hufe.
- Das Pferd bevorzugt eine Galoppseite, es ist Links- oder Rechtsgalopper.
- Das Pferd schiebt seinen Körper auf der Zirkellinie über die Schulter nach außen oder fällt über die Schulter nach innen.
- Das Pferd ist bei Biegeübungen einseitig steif.
- Das Pferd reagiert auf Zügel- oder Schenkelimpulse auf einer Seite schlechter.

gewicht zu bringen und zu gymnastizieren.

Jedes Pferd ist von Natur aus mehr oder weniger einseitig ausgerichtet, so wie es auch unter den Menschen Links- und Rechtshänder gibt. Dieser Hang zur Einseitigkeit hat seinen Grund in einer schiefen Wirbelsäule, durch die das Pferd mit den Beinen auf der einen Seite besser vorgreifen kann als auf der anderen, wodurch es zum Links- oder Rechtsgalopper wird. Beim Reiten auf der Zirkellinie kann man feststellen, daß ein nicht ausbalanciertes Pferd mit den hinteren Hufen nicht in die Spur der Vorderbeine tritt. Meist driften die Hinterbeine nach außen weg – das Pferd ist nicht auf den Kreisbogen eingestellt.

Durch viele gymnastizierende Biegeübungen – auch in überbo-

a) Das Pferd ist auf die Kreislinie eingespurt.
b) Das Pferd läuft nicht spurtreu: Es ist noch nicht genügend gymnastiziert.

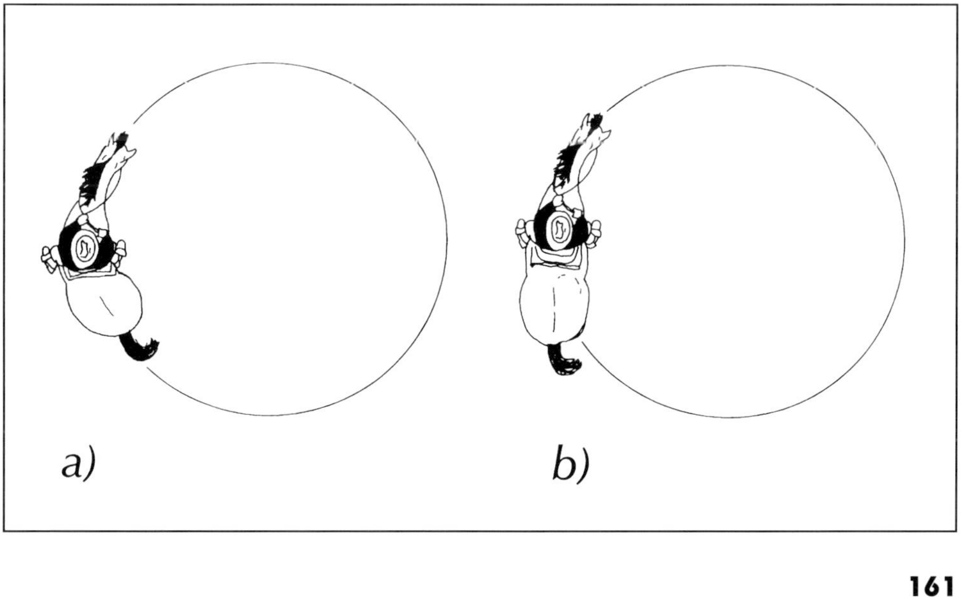

Ein Zeichen von Einseitigkeit: Das Pferd schiebt seinen Körper über die Schulter nach außen.

gener Stellung – kann das Pferd auf die Zirkellinie eingespurt werden. Es findet seine Balance, kann unter seinen Schwerpunkt treten, folglich das Gewicht auf die Hinterhand legen und sich dadurch ohne reiterliche Einwirkung „selbst tragen" oder, anders ausgedrückt, in die natürliche Versammlung finden.

Das Training auf der Zirkellinie ist die beste Möglichkeit, ein Pferd einzuspuren und es beidseitig gleichmäßig auszubilden. Erst wenn es gelungen ist, das Pferd auf der Zirkellinie ins Gleichgewicht zu bringen, kann man erwarten, daß es die Hinterhand entsprechend unterschiebt und sich selbst trägt. Bei der Umstellung des Pferdes kann einem eine gute Dressurausbildung sehr hilfreich sein, weil hier ebenfalls großer Wert auf die Balance und Biegsamkeit des Pferdes gelegt wird. Nun muß das Tier aber noch lernen, sich ohne Zügelanlehnung auszubalancieren, was ihm bei der Umstellung anfangs Schwierigkeiten bereiten kann.

Die Geschwindigkeitskontrolle

Dem Zirkeltraining kann man einen weiteren positiven Aspekt abgewinnen: Es nimmt dem Pferd die Möglichkeit wegzulaufen. Obwohl das Tier ständig in Bewegung ist, kommt es praktisch nicht vom Fleck. Sehr temperamentvolle oder zum Durchgehen neigende Pferde können durch das Zirkeltraining kontrollierbar gemacht werden, weil sie irgendwann erkennen, daß sie eigentlich nicht von der Stelle kommen, obwohl sie ständig am Laufen sind.

So ist es auch möglich, ohne übermäßigen Zügeleinsatz das Tempo zu reduzieren, indem man den Vierbeiner einfach auf eine Zirkellinie lenkt, die je nach geforderter Geschwindigkeit größer oder kleiner sein kann. Damit erspart man sich und dem Pferd das Ziehen am Zügel und kann das Tier dennoch kontrollieren, auch wenn es einmal nicht gehorsam sein sollte.

Im Idealfall reagiert das Pferd schon auf eine verbale Aufforderung wie „Ruuuhig" oder „Easy" und drosselt das Tempo. Die Stimme ersetzt dabei die ursprüngliche halbe Parade. Zusätzlich nimmt der Reiter sein Gewicht stärker zurück und setzt sich tief in den Sattel, um die Geschwindigkeit innerhalb der Gangart zu reduzieren. Wenn das

Beim Anhalten kommt dem Stimmkommando eine sehr große Bedeutung zu.

Pferd darauf nicht reagiert, kann man schließlich noch kurze, einseitige Zügelimpulse geben, die das Tier in erster Linie aufmerksam machen sollen. Das Verlangsamen der Geschwindigkeit darf man aber niemals mit dem Zügel erzwingen, weil ein Zügelzug immer einen Gegenzug auslöst: Das Pferd legt sich auf den Zügel und beißt sich im schlimmsten Fall auf dem Gebiß fest. Die Folgen davon sind Verspannungen, Abstumpfung im Maul und Widersetzlichkeit – auf Dauer gesehen aber sicherlich keine Temporeduzierung. Im Zweifelsfall sollte der Reiter das Pferd also aufzirkeln, um eine langsamere Geschwindigkeit durchzusetzen beziehungsweise es in eine niedrigere Gangart durchzuparieren.

Um ein Westernpferd zu beschleunigen, müßte schon ein leichtes Vorneigen des Oberkörpers genügen, verbunden mit dem Vorgehen der Zügelhand. Reagiert das Tier nicht, kann man mit einem einmaligen beidseitigen Schenkeldruck nachhelfen. Außerdem kann man die Aktion mit einem ermunternden Zungenschnalzen begleiten.

Der beim Englischreiten übliche anstehende Zügel verleitet den Reiter sehr stark zum Ziehen, und die meisten Umsteiger werden deshalb in ihrer Vergangenheit auch am Zügel gezogen haben – nicht, weil sie dem Pferd weh tun wollten, sondern weil sie es nicht anders gelernt haben. Darum können einem die Bremsmanöver möglicherweise größere Probleme bereiten, weil man immer wieder versucht ist, den Zügel als „Bremse" zu verwenden. Als Umsteiger ist man oft unsicher und hat das Gefühl, daß man sein Pferd nicht mehr unter Kontrolle hat. Darum sollte man zunächst auf einem umschlossenen Reitplatz oder in der Halle üben, bis man so viel Vertrauen zum Pferd hat, daß man nicht mehr befürchtet, das Tier würde einem davonlaufen, wenn man auf die Zügelanlehnung verzichtet.

Anreiten und Anhalten

Wie jedes Manöver, das man vom Pferd fordert, sollte auch das Anreiten und Anhalten mit minimalsten Hilfen vonstatten gehen. Die Voraussetzung dafür ist jedoch, daß das Tier gehorsam ist und gut an den Hilfen steht. Außerdem ist die Konsequenz des Reiters gefordert, die gerade beim Anreiten und Anhalten maßgeblich für das Gelingen der Aufgabe verantwortlich ist.

Nach dem Aufsteigen (siehe Seite 138) sollte man das Pferd zunächst einige Sekunden ruhig stehenlassen, um zu gewährleisten, daß es das Aufsitzen nicht als

ANREITEN UND BESCHLEUNIGEN

Die Aufforderung zum Anreiten unterscheidet sich bis auf das Stimmkommando nicht von den Hilfen, die man einsetzt, um die Geschwindigkeit des Pferdes zu erhöhen. In beiden Fällen sollte bei einem gut ausgebildeten Pferd eine minimale Hilfengebung ausreichen, um die erwünschte Reaktion herbeizuführen.

Zeichen zum Antreten nimmt, sondern auf die darauf abzielenden Hilfen des Reiters wartet. Dieses Vorgehen hat nicht nur einen praktischen Wert, sondern stellt auch eine notwendige disziplinarische Maßnahme dar. Nachdem man die Füße in die Steigbügel geschoben, die Zügel aufgenommen und einige Sekunden abgewartet hat, gibt man das Signal zum Antreten, das aus einer verbalen Aufforderung wie zum Beispiel „Komm!" und einem leichten Vorgehen der Zügelhand besteht. Folgt das Tier der Aufforderung nicht, legt man die Schenkel beidseitig an den Pferdebauch, um einen leichten Kontakt herzustellen. Diese sanfte Berührung kann nötigenfalls in einen Druck umgewandelt werden, wenn das Pferd immer noch nicht reagiert hat.

Um die Sensibilität des Pferdes gegenüber den Reiterhilfen zu erhalten, muß eine Hilfe zunächst immer mit minimaler Intensität eingesetzt werden. Dadurch gibt man dem Pferd die Möglichkeit, schon auf das kleinste Zeichen hin zu reagieren. Die Hilfen verstärken sich schließlich kontinuierlich, wenn die korrekte Reaktion ausbleibt. Sobald das Pferd der Aufforderung wunschgemäß nachkommt, muß man die Hilfengebung sofort einstellen.

Das konsequente und sofortige Durchparieren zum Halt sollte der Westernreiter aus jeder Gangart und in jeder Situation durchsetzen können. Selbst aus dem Galopp sollte das Pferd augenblicklich zum Stillstand kommen, wenn der Reiter das Signal hierzu gibt. Eine verfeinerte Form stellt dabei der *Sliding stop* dar, bei dem das Tier die Vorwärtsbewegung durch extremen Einsatz der Hinterhand abbremst und dabei einige Meter mit den Hinterhufen über den Boden gleitet. Diese spektakuläre Bremsaktion ist ein Manöver der Reining-Disziplin und gehört bereits zur höheren Westerndressurausbildung. Für den Umsteiger ist diese kultivierte Form des Stops noch nicht von Bedeutung, wichtig ist allein, daß das Pferd der Aufforderung zum Halten sofort Folge leistet und dabei die Hinterhand adäquat einsetzt, um die Vorhand keiner übermäßigen Belastung auszusetzen.

Dem Stimmkommando kommt beim Anhalten eine sehr große Bedeutung zu, denn es ist für das Pferd das primäre Zeichen, zum Halten durchzuparieren und nicht nur langsamer zu werden. Üblicherweise wählt man das Kommando „Whoa". Wenn das Pferd jedoch während seiner klassischen Ausbildung schon mit einem anderen Befehl wie etwa „Halt" oder „Stop" vertraut gemacht wurde, kann man selbstverständlich auch bei diesem Ausdruck bleiben.

Der Reiter unterstützt die Bremsaktion des Pferdes mit einer Gewichtshilfe, indem er den Oberkörper etwas nach hinten verlagert. Dabei nimmt man außerdem die Zügelhand etwas höher, wodurch der Zügel leicht verkürzt wird, aber kein Zug entsteht. Es kann ein leichter Kontakt zum Pferdemaul hergestellt werden. Besser ist es jedoch – gerade in der Anfangsphase des Umstellungs-Trainings –, auf den Zügelkontakt ganz zu verzichten, weil der Reiter sonst leicht dazu verleitet wird, ungewollt am Zügel zu ziehen.

Der Reiter sollte imstande sein, den Stop an jedem x-beliebigen Punkt durchzusetzen. Das Pferd darf dabei nicht „austrudeln", also nach seinem Belieben mehr oder weniger stark abbremsen und eher unsicher zum Stehen kommen – wenn überhaupt. Sicherlich kann man nicht erwarten, daß das Pferd aus dem schnellen Galopp nach drei Metern zum Halten kommt. Doch der Reiter muß nach seiner Aufforderung ein deutliches Abbremsen registrieren, das ihm den Willen des Pferdes signalisiert, der Anweisung Folge zu leisten. Ob das Pferd nun nach „klassischem" Vorbild die Laufbewegung bremst oder die Bewegung sofort blockiert, ist zunächst unbedeutend, solange das Pferd willig reagiert. Beim Umstellungs-Training muß man lediglich darauf achten, daß der Vierbeiner ohne Zügelzug sicher und konsequent zum Stoppen veranlaßt werden kann. Dies ist ein sehr wichtiger Bestandteil des Sicherheitstrainings, das beim Westernreiten hohe Priorität hat und auf das der Reiter großen Wert legen sollte.

Die Hohe Schule

Nachdem die Grundbegriffe der Westernreiterei sowohl dem Reiter als auch dem Pferd in Fleisch und Blut übergegangen sind, kann man sich der weitergehenden Ausbildung widmen. Dabei zeigen sich auch bei den schwierigen Manövern gewisse Unterschiede zwischen den Hilfengebungen und Philosophien der verschiedenen Reitweisen.

Obwohl die klassische Pirouette im Prinzip dem *Spin* der Westernreiter entspricht, muß man die Unterschiede in der Ausführung beachten. Die 360-Grad-Drehung auf der Hinterhand wird in der Westernreitweise nicht aus dem Galopp, sondern aus dem Trab entwickelt. Die Pirouette wird demnach gesprungen, der *Spin* aber gelaufen. Damit ist der *Spin* flacher, und die Drehungen können viel schneller durchgeführt werden. Ein weiterer Unterschied besteht in der Hinterhandaktivität: Bei der Pirouette bleibt die Hinterhand zwar auf der Stelle, springt aber mit, während das innere Hinterbein beim *Spin* idealerweise als Drehpunkt fungiert und nicht vom Boden abgehoben wird.

Feine Unterschiede bestehen auch zwischen dem *Two track* und der klassischen Traversale, wobei neben der grundsätzlich andersartigen Hilfengebung bei der Traversale großer Wert auf einen in die Bewegungsrichtung gewandten Pferdekopf gelegt wird. Dem Westernreiter ist beim *Two track* in erster

Der Spin ist eine Trabbewegung, während die Pirouette der Englischreiter im Galopp, also gesprungen, ausgeführt wird.

Linie die Akzeptanz seiner Schenkelhilfen wichtig.

Trotz dieser Unterschiede sind die Parallelen der beiden Reitweisen bemerkenswert, sofern es sich um gutes Reiten handelt. So zielen beispielsweise beide auf die konsequente Hinterhandaktivität und ein gut an den Hilfen stehendes Pferd ab. Der verantwortungsbewußte Reiter sollte diese Grundsätze der guten Reiterei nie aus den Augen verlieren, sondern sich immer an ihnen orientieren. Das ist in keiner Reitweise schwieriger oder leichter. Unabhängig vom Reitstil kann man nur dann erfolgreich mit seinem Vierbeiner zusammenarbeiten, wenn man nicht den leichtesten und schnellsten Weg sucht, sondern sich alle Zeit der Welt nimmt, um eine harmonische Beziehung zum Pferd aufzubauen.

Für eine erfolgreiche Zusammenarbeit mit dem Pferd muß man sich viel Zeit lassen, um eine harmonische Beziehung zu seinem vierbeinigen Partner aufzubauen.

Die Autorin

Renate Ettl ist freie Journalistin, Schriftstellerin und Fotografin. Sie arbeitet für verschiedene Tageszeitungen und Pferdefachzeitschriften. Die Autorin machte sich als Westerntrainerin für Pferde und Reiter, vor allem aber durch ihre eigenen Erfolge bei Westernturnieren einen Namen. Renate Ettl hat bereits mehrere Bücher veröffentlicht, unter anderem „Modernes Trail-Training“, das im Müller Rüschlikon Verlag ebenfalls in der Reihe „Westernreiten“ erschienen ist. Sie lebt mit ihrem Mann und ihren Pferden in Niederbayern.

Adressen

Deutschland:

ApHCG/Appaloosa Horse Club
Ortstr. 19
D-89356 Hafenhofen
Tel.: 08222/7014

DQHA/Deutsche Quarter Horse Association
Landstr. 7
D-63939 Wörth/Main
Tel.: 09372/5031

ETCD/Erster Trekking Club Deutschlands e.V.
Im Seeteich 3
D-74423 Obersontheim
Tel.: 07973/16104

EWU/Erste Westernreiter Union
Wallenbrücker Str. 24
D-49328 Melle
Tel.: 05226/17606

Schweiz:

Appaloosa Horse Club Schweiz
Frau Yvette Meyer
Dorfstr. 19
CH-4705 Walliswil/Niederbipp
Tel.: 032/6312591

SQHA/Swiss Quarter Horse Association e. V.
Frau Irene Stocker
Eulenbachstr. 5
CH-8832 Wilen
Tel.: 01/7844801

SWRA/Swiss Western Riding Association
Herr Emil Hegetschweiler
Wikinger Ranch
CH-8919 Rottenschwil
Tel.: 056/6341537

Österreich:

Austrian Western Riding & Breeding Association
Frau Dr. Hilde Jarc
Baumeistergasse 14–14–2
A-1160 Wien
Tel.: 01/4863677

Sachregister